小日向素子
Motoko Kobinata

ナチュラル・リーダーシップの教科書

あさ出版

あなたの

「ナチュラル・リーダーシップ達成度」 チェック

まずは、皆さんの現在のナチュラル・リーダーシップ度を確認してみましょう。
1〜10の問いについて、以下のいずれかで答えてください。

A：いいえ（問いの意味がわかりづらいと感じたときも）
B：どちらかと言えば、いいえ
C：どちらかと言えば、はい
D：はい

回答欄

☐	1.	自然や動物が中心の場所で居心地のよさを感じる	
☐	2.	事実と主観を分けて話すことを意識している	
☐	3.	ほかの人の言動を、自分の判断や解釈なしに、いったん受け取ることができる	
☐	4.	苛立ったり、怒ったり、泣いたりという感情表現ができる	
☐	5.	自分の思い込みや行動パターンを変えるような「気づき」が日々ある	
☐	6.	チームで協力して行う作業やスポーツが得意	
☐	7.	「ほかの人が気づかないことに気がつく」とよく言われる	
☐	8.	対立する人の意見にも耳を傾け、対話を続けることができる	
☐	9.	ルールを守らない人がいた時への対処が得意	
☐	10.	やる気がないメンバーのモチベーションをあげるのが得意	

ご自身の回答を、それぞれ以下の通り計算し、その合計点が該当する結果を確認してください。

A：いいえ＝0点
B：どちらかと言えば、いいえ＝1点
C：どちらかと言えば、はい＝2点
D：はい＝3点

1〜10の合計が…

0〜10点	ナチュラル・リーダーについて、知ることから始めましょう。本書を読んで、できることからやってみるだけで、少しずつ、確実に、変化が出るはずです
11〜19点	ナチュラル・リーダーの資質は充分です
20〜29点	ナチュラル・リーダーの道を歩き始めています
30点	すでにナチュラル・リーダーとして対応できている可能性大！です

解説

ナチュラル・リーダーシップとは、「ありのままの私が、自然や他者の一部であるという感覚に基づいて発揮するリーダーシップ」のことです。

このリーダーシップを身につけると、自分の感覚に意識を向けることができるようになります。感覚が冴えると、「事実」と思い込みの混じった「主観」とを分けて捉えられるうえに、バイアスを外して自分や他者、物事の本質を見ることができるようになり、感じ方が変わってきます。

その結果、不安や不信感が減少し、他者の言動を受け止め易くなります。さらに、自分の喜怒哀楽を適切に表現できるようにもなり、これまで難しいと感じていた周りの人との関係性についても、見え方が変化し、調和をとりやすくなります。

はじめに

スタンフォード大学で到達した 理論より大切な「感覚」

　仕事柄、日々、多くの経営者、役員、管理職等、リーダーを務める方々のお話をよく伺います。そうした方々の多くが、リーダーとしてどうあるべきか、迷い、悩んでいます。

　リーダーは常に迷うものですが、近年、働き方、生き方が大きく変わると共に、企業・組織の在り方も変化が求められていることから、リーダーの方々の悩みはますます深くなっているように感じます。

　これまでは、自分が先輩方に学んだこと、見てきたこと、経験してきたことを踏まえてリーダーを務めればよかったのに、新たなリーダーの在り方を模索しなくてはならないわけですから、リーダーの方々が戸惑い、悩むのも無理はないでしょう。

　私も以前は、企業でリーダー職に就いていました。グローバルに事業を展開する外資系企業のマーケティング部門や事業開発部門でキャリアを積み、30代半ばでジャパンリージョンのマーケティング部部長に就任しました。長い歴史を持つ同社で女性がこのポジションに就くのは初めてのことでした。

　巨大な組織ではどうしても、数字で証明できるものが重視されます。論理的な思考ばかりが追い求められて、感覚的な要素は排除されがちです。

　私は業務に励み、求められる結果を出しながらも、次第に窮

屈さを感じるようになりました。思うように部下を育てることができず、リーダーとしてどうしたらよいのか、わからなくなってしまったのです。

　そんな矢先、勤めていた会社が買収され、私は職場を去ることになりました。私はこれをよきチャンスと捉え、会社員時代に不完全燃焼だった自分のリーダーシップを極めるための旅に出ることにしました。

「牧場研修（ホースローグ。旧ホースコーチング）」に出会ったのは、この旅の途中でした。

「これはすごい！　私が求めていたものだ！」

　私はそのように確信しました。なぜ「すごい」と感じたのか、言語化できませんが、様々なリーダーシップを学んできた中で、ここまで心をつかまれたのは初めてでした。

　自然からリーダーシップやビジネススキルを学ぶという牧場研修の考え方は、欧米では1990年代から活発に取り入れられ、「Equine Assisted Learning（EAL）」の名称で確立されています。「Equine」はラテン語で馬を意味します。

　アメリカのAmazonで「Equine Assisted Learning」と検索すると、100冊を超える関連書籍が見つかります。スイスのトップビジネススクールであるIMDでは、カリキュラムとしても使われています。

　アップル、フェイスブック（現メタ）、ナイキ、アウディ、ヒューレット・パッカード、セールスフォースなど、名だたるグローバル企業でも、研修として取り入れた実績があります。

「確固たる裏付けがあるからこそ、こうした名だたる企業は予

はじめに

5

算を割き、研修を導入しているはず」

　そう考えた私は、世界各国を回り、様々な牧場研修を体験しました。現地に行けば、「何がすごいのか」、理論的に説明できるようになるのではと思い、旅を続けました。

　牧場研修の世界的権威であるスタンフォード大学医学部のビバリー・ケーン博士にも出会いました。

　スタンフォード大学には、キャンパスのすぐ隣に東京ドーム47個分の広大な牧場があります。

　ケーン博士の研修を受講した後、その牧場で遠目に野生の鹿を見ながら博士とランチを食べている時に、私は思い切って尋ねてみました。

　「牧場研修の効能を、どう説明されますか？　これまで、効果を数値で示すような取り組みをされてきたのですか？」

　するとケーン博士は、両手のひらを空に向け、答えました。

　「効果を証明すべく調査をしている方はいますが、今のところゴールデンルールはないですね」
　「それでは、スタンフォード大学で研修として取り入れることにした決め手は何だったのでしょうか？」
　「学長が応援してくれました」

　ひとつひとつの答えは明快でしたが、期待していたものではありません。私は戸惑い、納得できずにいました。
　その気持ちが伝わったのか、ケーン博士は続けました。

「ほかの方々が牧場研修の効能を証明しようとする試みを否定するつもりはありませんが、私自身はやらないことにしています。医学部は事実と論理の世界です。それが得意な人たちが多くいますし、私もその1人です。ですが、理詰めで馬（牧場研修）の効能を証明しようとすると、こぼれ落ちてしまうものがたくさんあります。それらを無理に証明しようとして、この研修の価値を矮小化してしまうことは避けたいのです」

彼女の言葉に、私は衝撃を受けました。

無理に効能を証明しなくてもいい。人に理由を尋ね回らなくてもいい。自分が「これはすごい！」と感じたのなら、その感覚を信じるだけでいい。

この極めて大切なことを、ケーン博士から教えられたのです。

自分の思い込みや理屈に縛られず、自分の感覚を信じて周囲と接する――。

それこそがリーダーシップの本質であり、牧場研修で得られる気づきの本質なのではないかと、私は確信しました。

日本に戻ると早速、北海道で牧場研修を提供する会社を立ち上げました。

ケーン博士他、出会った数々の牧場研修の先生方や、実際に牧場研修を受けたビジネスパーソンの言葉を反映し、リーダーシップが身につくプログラムを構成しました。

人間を思い込みや固定観念から解放し、牧場で馬と接し、新しい角度からその人の内面に光を当てる「馬とのセッション」と、馬と触れ合ったことで感じた抽象的な気づきを日常とつなぐ「室内セッション」を交互に繰り返し、数カ月ごとに、フォロー

アップコーチングを行っています。

とても感覚的な学びですから、その意味と効果を数値化することは困難なのですが、受講者の方々は口々に、「これはすごい！」とおっしゃってくださいます（かつての私と同じですね）。

会社の立ち上げから10年近い歳月を経た現在、延べ2000名を超える受講者の方々が訪れてくださっています。

日本で初めて牧場研修を導入された資生堂の女性リーダー育成や役員研修、部門のチームビルディングのほか、日本最大規模のグループ企業、メガバンク、老舗企業、外資系企業の日本法人、著名なベンチャー企業のCEOの方々などが役員研修や幹部候補生育成に利用してくださるケースも多く、リピートしてくださる方、企業も少なくありません。

この牧場研修の構造、具体的なメソッド、ベースにある哲学を包括して、私は「ナチュラル・リーダーシップ」と名づけました。

「ありのままの私が、自然や他者の一部であるという感覚に基づいて発揮するリーダーシップ」を意味します。

ナチュラルには、「自然から学ぶ」「自分自身が自然体でいられる」という２つの意味を掛けています。

本書では、この「ナチュラル・リーダーシップ」について、在り方、考え方を、事例やワークと共にお伝えしていきます。

ご紹介した内容をただ覚えるのではなく、10の行動様式を実践し、感覚的に理解していきましょう。

時代の流れと共に、人々の在り方、考え方も変わっていきます。

当然、リーダーの在り方、考え方も、時代の流れと共に変わっていく必要があります。

「自然」から学び、「自然」と共にあり、世界の変化に対応できる「しなやか」で「柔軟」なナチュラル・リーダーシップが、ますます求められていくことでしょう。

あなたが本書との出会いをきっかけに、ナチュラル・リーダーシップを身につけて、自分らしい働き方を見つけることを強く願っています。

2024年1月

小日向素子

CONTENTS

CHAPTER 1

人、チームの可能性を広げる
「しなやか」で「柔軟」な
ナチュラル・リーダーシップ

CHAPTER 3

ナチュラル・リーダーシップ
ステップ1

Lead Self
〜個人の内部が変容する〜

CHAPTER 4

ナチュラル・リーダーシップ
ステップ2

Lead Relationship
〜二者間の関係性が変容〜

CHAPTER 5

ナチュラル・リーダーシップ
ステップ3

Lead Relationship with Others
～組織での関係性が変容～

CHAPTER 6

フィードバックと内省で
心の経験と質を上げる

人、チームの可能性を広げる
「しなやか」で「柔軟」な
ナチュラル・リーダーシップ

01

気づかないうちに
「リーダーらしいリーダー像」に
とらわれている

「リーダーと言われて、あなたが思いつく人は誰ですか？」

　これはグローバルに事業展開する日本の大企業が、将来の幹部候補社員に向けてリーダーシップ研修を行った時、著名なリーダーであるゲスト講師が投げかけた質問です。

　あなたもぜひ、考えてみてください。リーダーについての意識や価値観をアップデートする、いいきっかけになるはずです。

　講師は、直感で答えてほしかったのでしょう。参加メンバーに考える時間を与えないよう、「頭に浮かんだ人を、そちらから順に答えてください」と、すぐさま答えるよう促しました。

　メンバーは面食らっていましたが、さすがは各部門から集められた優秀な人材です。すぐに名前を挙げていきました。

「オバマ元大統領」
「クリントン元大統領」
「スティーブ・ジョブズ」
「ビル・ゲイツ」

　特に多く名前が挙がったのが、この４人です。ほかにも、自社の社長や自分の父親を挙げる方もいました。一通り名前が挙

がったところで、講師は次の問いかけを行います。

「その方を挙げた理由は何ですか？」

「カリスマ性がある」「天才」など、リーダーのイメージを象徴するような言葉が次々に挙がります。

　講師が立て続けに、「リーダーに必要な資質は何ですか？」と尋ねると、「人を惹きつけるカリスマ性」「人をリードできる圧倒的な能力の高さ」といった声が聞こえました。先ほどの回答とよく似ています。

　講師の方は、メンバーの答えを聞いてにっこり微笑んでから、すっと真面目な顔になり、次の質問を口にしました。

「あなたはリーダーになれると思いますか？」

　幹部候補社員として将来を嘱望されたメンバーですから、おそらく研修の冒頭にこの質問を投げかけられたら、ほとんどの人が自信を持って手を挙げたことでしょう。

　しかし、オバマ元大統領やスティーブ・ジョブズの名前を出したことで、ハードルが大きく上がってしまったようで、誰も声を発することなく手も挙げません。静まりかえるメンバーに向けて、さらに講師の質問は続きます。

「あなたはリーダーになりたいですか？」

　今度も返事はありません。ばつが悪そうに目線を下げたり、小首をかしげたり、頭や手を振る人がほとんどでした。

このように、誰しも既存のイメージをベースとして「リーダーのあるべき姿」を思い浮かべています。そして、そのせいで背伸びをしたり、自分を偽って演じたり、「自分にはムリだ」とあきらめてしまいがちです。

　そうした人間心理を、講師はわずか数回の質問で自覚させたのです。

　続けて講師は、ご自身の経験やこれまで出会ってきた世界で活躍されているリーダーの方々を引き合いに出されて、次のように話してくださいました。

　「多くの方が、無意識のうちに既存のリーダー像を理想と思い込み、そのようなリーダーにならねばと、自分で自分を縛ってしまいます。参加者の皆さんは、そのような思い込みから自由になり、自分らしいリーダー像を目指してほしいと思います」

　しかし、既存の「優秀なリーダー像」「強いリーダー像」から脱却したとして、これからの時代、どのようなリーダー像を目指せばよいのでしょうか？

　この質問に対する明確な答えであり、あなたと組織の進化の転機となるのが、「ナチュラル・リーダーシップ」です。

02

自然が教えてくれる
激動の時代に求められる
リーダー像

　現在、多くの管理職の方々が、「リーダーとは何か？」「どのようなリーダーになればいいのか？」といった悩みを抱えています。

　急激に変化する時代の中で、この問いの重要性はさらに高まり、答えにたどり着く道のりは険しくなっています。

　本書を手に取ってくださった皆さんも多かれ少なかれ、リーダーとしての在り方について、思うところがあるのではないでしょうか。

　私はこの難問の答えは、「自然」にあると確信しています。

　リーダーになぜ、「自然」が関係するのか、と思った人もいるでしょう。気持ちはよくわかります。でも、いったんその疑問は横に置いて、本書を読み進めてください。

　私は、10年ほど前から大自然に囲まれた北海道の牧場で、主にビジネスパーソンを対象に研修を提供しています。

　牧場を研修の場として活用しているのは、日常生活では得られない多くの「気づき」が、自然の中には潜んでいるからです。

　研修では、参加者を牧場の馬の群れの前に連れて行き、次のように尋ねます。「リーダーを探せ」という観察のプログラムです。

「どの馬が群れのリーダーか、直感で選んでください」

　すると、たいていの人が「大きい馬」を選びます。理由を聞くと、「大きくて強そうだから」と言います。

　次に人気なのが「黒い馬」です。理由は「色が黒いから」。黒いとなぜリーダーなのか、根拠になっていない気もしますが、意外と多い答えです。

　ほかにも「集団の先頭に立っている馬」「1頭だけ離れている馬」「ほかの馬を追い立てる動きをする馬」なども選ばれやすい傾向にあります。

　大きくて、黒くて、集団の先頭に立っていて、1頭だけ離れていて、ほかの馬を追い立てる——。

　これは、リーダーのイメージを、チームを先導する人、近づきがたい人、えらい人（えらそうな態度をとる人）などと捉えている人が多いことを示しています。

　既存の「優秀なリーダー像」「強いリーダー像」に縛られているのです。

　実は馬の群れにおいて、ヒエラルキーは固定化していません。

　その時々の状況や環境において必要な情報を多く持っている馬が、リーダーシップを発揮すると言われています。

　捕食者から逃げる時は、逃げる方向を決めるのが得意な馬が前を走り、力のある馬が仲間を守るために群れの最後を走ります。どちらもリーダーの役割を果たしています。

　水が必要な時には、水のある場所を見つけるのが得意な馬がリーダーシップを発揮します。

　この答えを聞いて、「ひっかけじゃないか」「当てられるわけないじゃないか」と思われた人もいるかもしれません。

　だとしたら、「リーダーは先導する人」「リーダーは一個体」という先入観にとらわれてしまっているということです。

　1つの組織に複数のリーダーがいても、不自然ではありません。リーダーシップのとり方も多様です。

　植物生理学の第一人者であるフィレンツェ大学教授ステファノ・マンクーゾは、著書『植物は〈未来〉を知っている』（NHK出版）の中で、次のように言っています。

「少数が権力を握っている寡頭政治は、自然界ではめったに見られない。いわゆる"ジャングルの掟"も空想上のヒエラルキーにすぎず、陳腐なたわ言にすぎない。重要なのは、こうしたヒエラルキー構造は自然界ではうまく機能しないという点だ。自然界においては、指令センターをもたない広く分散した組織こそ効率的なのだ。」

　近年、「ティール組織*」という新しい組織の在り方が注目されていますが、これも自然界の在り方と通じるところがあります。

　ティール組織とは、社員それぞれ（細胞ひとつひとつ）が、自分たち（仲間全体）の使命を感じながら、それぞれの意思決定によって、ありのままに動き、自由に変化し続けるという、次世代型の組織の在り方です。

　私たちを取り巻く自然の在り方に学び、力を借りて、新しい視点や価値観、リーダーシップの在りようを捉え直していくことは、これからの多様性の時代において求められていると言えるでしょう。

＊ティール組織（Teal組織）……組織は社長や株主だけのものではなく、組織に関わるすべての人のものと捉えて、「組織の目的」を実現するために共鳴しながら行動をとる組織のこと。

03

ナチュラル・リーダーシップは
新世代リーダーの
必須スキル

　世の中は急激かつ急速に変化し、未来の予測が困難な時代へと突入しています。その中で、誰もが、否が応でも新しいスキルや知識の習得を要求され続けています。

　しかし私は、さらなるスキルと知識のアップデートだけでは、こうした世の中の動きや、その影響を大きく受けるビジネス界の変容に、十分に対応できないと考えています。

　むしろ、これからの時代に求められるのは、状況の変化に臨機応変に対応すること、そして、自らの「埋もれている力」に光を当てて、引き出すことでしょう。

「埋もれている力」は、どこにあるのか？
　私は、「感覚」の中にあると考えています。

　人間には、感覚があり、感情があり、思考があります。ところが、社会に適応するにあたっては、「私はどう感じるか」ではなく、「私はどうすべきか（どう振る舞うべきか・どのように考えるべきか）」が優先され、思考ばかりがフル回転します。感覚や感情に、蓋をかぶせてしまうのです。

　さらに、仕事の仕方も、オフィスや自宅の一室でパソコンに向き合い、キーボードを叩いたり、カメラを通じてほかの人と言葉を交わしたりして過ごしがちです。この状況下では、視覚と言語に関する脳の機能部分だけが酷使され、その他の感覚が

発動する機会はほとんどありません。

　こうして、私たちの感覚は鈍っていきます。

　しかし、この鈍ってしまった感覚の中にこそ、本当の自分、そして、本来の力が埋もれています。

　この「埋もれている力」を掘り起こすためには、自分自身を客観視したり、感じたりすることで、自分本来の感覚の存在に気づくことから始めなくてはなりません。ただしこれは、ほかの人間の助けを借りるだけでは不十分です。現代の人間は思考に頼って生きていて、その根底にある「感覚」の世界を開く力を持っていないからです。

　「感覚」を呼び戻すには、「雄大な自然の力」を借ります。自然は、埋もれてしまっている人間の感覚を開くにあたって、最高の環境を提供してくれます。

　自然の中に身を置くことで身体が楽になり、普段は感じないそよ風や木や草の香りに気づくことはありませんか？

　自然に触れ、その存在を意識することで、自然から得る視覚、聴覚、嗅覚的な刺激に集中し、鈍っていた感覚を開き、研ぎ澄ませていくことができます。

　都会の部屋の中にいても、窓の外の木々を見たり、室内の花や観葉植物を愛でたり、ペットと触れ合うだけでも、ストレス軽減、気分の上昇、生産性と集中力の向上に寄与すると言われています。

　私が牧場で研修を行っているのも、このような理論に基づいています。

積極的に自然と触れ合うことで、身体感覚が研ぎ澄まされて
いきます。

　この感覚を出発点として、他者の反応を鋭敏に察するように
なり、自分の本心を感じ取ることもできるようになります。危
機的状況でいち早く、最適なアクションを起こせるようにもな
るでしょう。

「ありのままの私が、自然や他者の一部であるという感覚に基
づいて発揮するリーダーシップ」

　私は、ナチュラル・リーダーシップを、このように定義して
います。

04

ナチュラル・リーダーシップで
起きる4つの効果

　ナチュラル・リーダーシップを身につけ、実践していくと、次のような効果があります。

ナチュラル・リーダーシップで起きる4つの効果

効果1　いつもナチュラルな自分でいられる
効果2　自分以外の存在に関心を寄せることができる
効果3　今の時代に求められる「ニュータイプ」になることが
　　　　　できる
効果4　プライベートにもポジティブな変化が起こる

　これらは私自身や牧場研修を受講した多くの方々に実際に起きた効果をまとめたものです。4つはそれぞれ関連しています。

　1つ目は、自分の内面の変化。
　2つ目は、他者の捉え方の変化。
　3つ目は、自分の内面と他者の捉え方が変わることで起きる、ビジネスシーンでの自分の在り方の変化。
　4つ目は、(結果として)プライベートの関係性も劇的によくなるという変化。生きるのが楽になります。

　それぞれ見ていきましょう。

効果1 いつもナチュラルな自分でいられる

「いつもナチュラルな自分でいられる」とは、相手や環境に合わせて自分を偽ることがなくなる、ということです。

TPOに合わせて、または役割に応じて、在り方を変えることは悪いことではありません。しかし、状況に合わせようとするあまりに、本来望んでいないことをやってしまうのは苦しいものです。特に、リーダーシップを発揮する際に、自分で自分を偽っていては、上司や部下にも見透かされてしまいます。そんなリーダーを信頼することは難しいでしょう。

以前、牧場研修に参加されたグローバルコンサルティングファームにお勤めの女性が、次のような悩みを打ち明けてくださいました。

「部下に対して"答えを知っている振り"をしたり、上司に対して"余計なことは言わないようにしよう"と考えたりしてしまいます。自分を見失っている気がします」

彼女の悩みを聞いていたほかの参加者も、深く頷いていました。周囲に合わせてしまうという悩みは、多くの人が抱えているのでしょう。

しかし、目の前の人に合わせることでコミュニケーションを円滑にしようとする行為は、1歩間違えると、無意識に相手におもねる方向へと流れてしまいがちです。この状態は、ビジネスだけでなく、個人の心身の健康においても、よいことがあり

ません。

　ナチュラル・リーダーシップを身につけると、目の前にいる人が誰であれ、相手の言葉、あるいは、醸し出す様相、雰囲気などを、色眼鏡なしで「感覚的」に受け取ることができるようになります。

　例えば、部下が感情的に反発してきたとします。一般的には、「失礼な奴だ！ でもここは、冷静に対応せねば」と、言葉や思考でジャッジし、部下に合わせる行動をとることが多いでしょう。しかし、ナチュラル・リーダーシップでは、思考を働かせる前に、「声が震えているな」「目がうるんでいるようだ」などと、相手を感覚的に受け止めます。そのことで「部下は困っているようだ」と感じ取ることができます。その結果、苛立ちを抑えて冷静な振りをするという自分を偽る行動が必要なくなり、"部下に合わせているが、決しておもねてはいない状態"を生み出すことができます。

　自分の感覚に忠実に、相手と向き合うことで、相手の気持ちを的確に受け取ることができ、自分もナチュラルなままでいることができる。
　それが、ナチュラル・リーダーシップを身につける効果の1つです。

効果2 自分以外の存在に関心を寄せることができる

リーダーとして、「部下には、こうあってほしい」「部下にこう変わってほしい」という想いを抱くことも多いでしょう。

ですが、この「こうあってほしい」という想いはあくまでリーダーの気持ちであって、この想いありきで部下に向き合うと、自分の気持ち優先になってしまいます。

ナチュラル・リーダーシップを身につけると、部下のためであったとしても、こうした自分の気持ちや考えはいったん脇に置き、無の状態で部下に意識を向けることができるようになります。これが、自我をいったん脇に置き、他者に意識を向けている状態、つまり、「自分以外の存在に関心を寄せる」ことができている状態です。

相手のことは予測ができず、コントロールもできません。それでも相手に関心を寄せ、相手を信じる感覚です。この感覚が芽生えると、部下を「信頼」している状態になります。人は信頼してくれる人を信頼する傾向があります。「信頼」の状態になることで、部下に真の意味で関わることができ、より深く知ることができるため、結果として、より部下に貢献することができます。

「自分以外の存在に関心を寄せる」とは、その存在を「信頼」し、関わり、貢献することです。

この状態に到達すると、どこにいても、自分の居場所がある、仲間がいる、と感じることができます。どこで何をしていても、健やか、かつ、ポジティブな関係性の中で生きることができるようになります。

　私の事例で、具体的にお話ししてみます。

　会社を起ち上げたばかりの頃の私は、研修を提供する際、「うまく進行できたか？」「必要なことを伝えられたか？」「引き出すべきものを引き出せたか？」といった自己評価にばかり、意識が向いていました。

　参加者の方々の目が気になってしまい、いろいろなことを試してはエネルギーが消耗し、常に疲れきっていました。

　参加者のために研修内容をよくしたいという思いからでしたが、突き詰めると、自分のエゴを満足させたかったという側面も強かったように思います。

　しかし、牧場で馬と暮らしているうちに、「自分は自然の中の一部」であるという感覚が養われていき、自分優先の考え方が徐々に削ぎ落とされ、その結果、強引に先導するような振る舞いが減り、その場の雰囲気に合わせてフラットに研修を進められるようになったのです。

　そして、私の役割は講師ではなく、受講者と牧場の馬や自然をつなぐ「学びのガイドである」という意識状態に変わっていきました。

　ガイドであると認識したことで、「研修がうまく進行できたかは気になるけれど、結局、良かったかどうかは、相手次第。答えは受講者の中にしか存在しない。受講者が自ら答えを導き出すことに意味があるのだ」と理解し、そのお手伝いをさせていただくことに喜びを感じるようになりました。

　今では「今日は受講者さんのために生きよう。私に生きる目的をいただきありがとうございます」といった気持ちで、日々、研修を行っています。そこに、「自我」は存在しません。

意識が変わり、他者を信頼できるようになったことで、以前のように疲れなくなり、受講者や馬たちの発するエネルギーから、元気をいただくようになりました。

　関心が自分に向き、自己評価を上げるために研修をしている時は、達成感はありつつも、疲労感があり、評価が下がることへの不安につきまとわれていました。しかし、関心が受講者という他者に向いた時、受講者の学びはさらに豊かになり、私もその豊かさの恩恵を受け取ることになりました。受講者の方を通じて、その方が所属する企業、コミュニティ、社会にも貢献させていただいているのを感じています。

効果3 今の時代に求められる「ニュータイプ」に
なることができる

　ここでいう「ニュータイプ」とは、私の大切な友人であり、経営コンサルタントとしてもパブリックスピーカーとしても名高い山口周氏が、著書『ニュータイプの時代――新時代を生き抜く24の思考・行動様式』（ダイヤモンド社）の中で、今の時代に求められるビジネスパーソンの新しい思考・行動様式を提示した言葉です。

　この本の「はじめに」の中で、山口氏は、「20世紀の後半から21世紀の前半まで、50年ほどのあいだ『望ましい』とされてきた思考・行動様式の多くは、今日、急速に時代遅れのものになりつつあります。」と述べています。

　かつては、日常生活に不満や不便といった多くの問題があり、それらを解決する「問題解決力」の高い人が評価されていました。しかし現代は、モノがあふれ、生活の問題が激減。問題解決者は、オールドタイプとして急速に価値を失っています。

　一方、変化が激しい今の時代は、「問題発見力」と「ビジョンを描く力」が必要です。山口氏は、このような力を発揮する人を「ニュータイプ」と呼んでいます。

　ナチュラル・リーダーシップは、この「ニュータイプ」になるために必要なメソッドの1つだと、私は山口氏と話した際に気づきました。

　山口氏は、ニュータイプとは、次ページの表のような人物としています。

　大きく9つの対比が挙げられています。

オールドタイプとニュータイプの違い

オールドタイプ	ニュータイプ
正解を探す	問題を探す
予測する	構想する
KPIで管理する	意味を与える
生産性を上げる	遊びを盛り込む
ルールに従う	自らの道徳観に従う
1つの組織に留まる	組織間を越境する
綿密に計画し実行する	とりあえず試す
奪い、独占する	与え、共有する
経験に頼る	学習能力に頼る

　この9つを大きな塊にチャンクアップしてまとめると、オールドタイプは「既存のルールを守ることで勝つ」、ニュータイプは「ルールにとらわれず、自らの感覚を信じて他者と共に生き残る」という世界観を持っているように見えます。

　もう1つ、表を紹介しましょう。
　次ページの表は、捕食動物と被捕食動物の思考と行動様式の対比です。『The Power of the Herd : A Nonpredatory Approach to Social Intelligence, Leadership, and Innovation』（Linda Kohanov　著）の中で紹介されているもので、本書でも後程紹介する、ナチュラル・リーダーシップの10の行動様式（40ページ図参照）を考案する際に参考にしたものです。
　表の左の捕食動物は「既存のルールを守ることで勝つ」、右の被捕食動物は「ルールにとらわれず、自らの感覚を信じて他者と共に生き残る」という世界観を持っていると言えるでしょう。

捕食動物と被捕食動物の思考と行動様式の対比

捕食（動物）	被捕食（動物）
1　他者を犠牲にしても自分に栄養を与える	1　自分と他者のニーズを同時に満たす
2　関係性よりテリトリー重視	2　関係性はテリトリーより価値がある
3　プロセスよりゴール	3　ゴールよりプロセス
4　死ぬまで戦う	4　相手が攻撃をやめたら戦いをやめる
5　適者生存に向かって征服する	5　複数の適者生存に向かって助け合う
6　殺すか殺されるかのメンタリティー	6　生きると生かすのメンタリティー
7　弱者は間引く	7　弱者を守る
8　自分の弱さはどんな犠牲を払っても隠す	8　弱さを隠さない。他者を信頼する
9　意図的に恐怖心を煽る	9　エネルギーは真の危機のために温存
10　競争重視	10　協調重視

　今の時代に求められるニュータイプ、そして、ナチュラル・リーダーシップの思考や行動様式には、通底する価値観があります。

　言い換えると、ナチュラル・リーダーシップを身につけると、ニュータイプのビジネスパーソンとして必要な資質が揃うということです。

プライベートにもポジティブな変化が起こる

　ナチュラル・リーダーシップを身につけると、自分の感覚を磨くことで、他者の感覚を感知できるようになります。その結果、一対一、または、グループでの人間関係が改善されていく効果があります。

　テクニックではなく感覚を磨くため、ビジネスシーン以外でも、自然と相手の存在を意識するようになり、プライベートでの人間関係にも活きてきます。

　実際、牧場研修を受けた多くの方々が、研修に参加して間もないうちに、ご自身の配偶者、パートナー、子どもとの関係性における「課題」に気づかれます。

　先日、某企業の役員の女性が、職場の部下から「指示が細かすぎる。信頼されていない気がする」という指摘を受け、その改善のために牧場研修に参加されました。

　最初、彼女は困惑した顔つきで、「完全に信頼し、すべてを任せられるほどには、まだ部下が十分に育っていません。ですので、部下のために必要な情報を与え、丁寧にフォローしているつもりです」とおっしゃいました。

　しかし、研修が始まって間もなく、その方の「指示が細かい」状態が何度となく顕在化しました。一緒にワークを行うほかの参加者への口出しが、とても多いのです。最初は「細やかに指示してくれるので動きやすい」「気が利く方だと感じた」などと感想を述べていた参加者たちも、次第に窮屈さを感じるよう

になりました。

そこで、彼女が参加者に対して指示に近い言葉を発するたびにフィードバックを返すようにしました。すると、ご本人自ら、「あ、今の私、また余計な口出ししましたね」と自覚されるようになり、研修が終わる頃には、ほかの参加者を見守るシーンが多く見られるようになりました。

後日、「研修で学んだことを自宅で応用したら、娘との関係性が変わりました」という報告が彼女から届きました。彼女は思春期の娘がまともに話をしてくれないことに心を痛めていたのですが、研修から戻った後、自分が娘に頻繁に口出ししすぎていることに気づいたのだそうです。そこで、娘を見守る姿勢に変えたところ、数週間後、変化が起きました。

「ずっと自室にこもっている娘が、寝る前にリビングに来て、私に話しかけるようになったのです。私が関心を寄せると、私の隣に座って雑談を始めます。この変化が本当に驚きで……。娘の態度は思春期のせいだと思っていたのですが、私の接し方の問題でした」

このように、ナチュラル・リーダーシップを学ぶ途中で、プライベートにおける課題感を発見し改善のアクションを取る方は、少なくありません。"私らしさを取り戻し、他者に関心を寄せる"プロセスは、家族や友人等との関係にまで、ポジティブな影響を及ぼすのです。

これら4つの効果は、互いに連動し合っています。ナチュラルな自分でいることで他者に関心を寄せることができるようになりますし、その結果、プライベートにポジティブな変化が起きる、といった具合です。

05

ナチュラル・リーダーシップは
3ステップで身につける

　私たちは日々の生活の中で、様々な「ルール」や「常識」にとらわれています。

　この「ルール」や「常識」が思い込みや固定観念を生み出し、知らず知らずのうちに「このような場面では、こうするのが当たり前」などと、自ら行動を縛っていることがあります。

　こうした縛りから自由になるには、「自然」の助けを借りるのがもっとも効果的です。

　自然界には、人間界の常識が存在しません。自然と向き合う時に、常識を前提に接しても、感覚は刺激されません。

　ただ無の状態になって、自身の感覚を開き、他者・周囲と対峙する。誰のものでもない、自分の感覚が湧き上がってきた時、そこから生まれる感情や思考は、過去のそれとは違ったものになっています。その結果、行動も変わっていきます。

　このような考えに基づいて、ナチュラル・リーダーシップは構築されています。

　生き物としての人間らしい感覚をベースに、自分らしさを取り戻したうえで、他者との関係性を再構築するリーダーシップとも言えます。

　ナチュラル・リーダーシップを身につけ、高いレベルで発揮できるようになると、今までとはまったく違った視点から、ビジネスに取り組むことができるようになります。

　ナチュラル・リーダーシップは、次の3つのステップに沿って身につけていきます。

ナチュラル・リーダーシップを身につける3つのステップ

ステップ1　個人の内部が変容（Lead Self）
感覚が研ぎ澄まされ、脳と統合される、「高度に心身一致」の状態となる。感覚・感情・思考・行動が連動し、ブレがない。

ステップ2　二者間の関係性が変容（Lead Relationship）
既存の言葉やルールにとらわれすぎないやりとりが生まれ、互いに「リスペクト（尊重）」を持った関係になる。

ステップ3　組織での関係性が変容
　　　　　　（Lead Relationship with Others）
皆が「組織の一部」として存在していると感じ、ヒエラルキーが固定化しない関係性になる。

※この概念は、米国の行動心理学ベースのエグゼクティブ研修のプログラム設計方式からインスパイアされて導入したものです。

　各ステップには、具体的にどんなアクションが必要かを示した行動様式もあります。

　3つのステップと10の行動様式の全体構造は、40ページの表の通りです。順番に見ていきましょう。

ナチュラル・リーダーシップのステップと行動様式

	ステップの内容	行動様式の内容
ステップ1 個人の内部が変容 (Lead Self)	高度なレベルで 心身が一致する	①感覚を鍛える
		②感覚を情報に変える
		③センス・オブ・ワンダー を持つ
ステップ2 二者間の関係性が変容 (Lead Relationship)	他者とリスペクトの ある関係性を築く	④境界を知り、越える
		⑤「弱さ」を尊重する
		⑥真の危機以外はエネル ギーを温存する
ステップ3 組織での関係性が変容 (Lead Relationship with Others)	個々が自分らしく ながら全体と調和 している 組織のヒエラルキー が固定化しない	⑦他者のルールの中でも 自分の感覚に忠実
		⑧ゴールよりプロセス
		⑨複数でリーダーシップを とる
		⑩英雄的な感覚を持つ

◎**ステップ1　個人の内部が変容（Lead Self）**

　まず、自分自身をバージョンアップさせます。

　具体的には、常に思考優位で、思い込みや固定観念に縛られていること、また、考えていることと感じていることがバラバラな状態であることを自覚します。

　そのうえで、思考優位の影ですっかり埋もれている「感覚」を取り戻すことに注力します。目指すのは、感覚と思考のバランスが取れている状態、つまり、考えていることと感じていることに大きなズレがない状態です。

　そのためには、以下の３つの行動様式を実践します。

① 感覚を鍛える
② 感覚を情報に変える
③ センス・オブ・ワンダーを持つ

　感覚を鍛える、つまり、自分の感覚に意識を向ける習慣をつけるのです。「胃の上のほうがズーンと重たく感じる」「頭がスーッと冷たくなる感じがする」などといった「感じ方」の違いに意識を向け、それぞれにどんな意味があるのかを仔細に読み解くことができるようになります。

　また、感覚を鍛える過程で、元来持っている感覚を自由に使えるようになると、自分らしさが再構築され、「自分も他者の一部である（＝センス・オブ・ワンダー）」という境地へ達し、自分らしく他者と関わるための第一歩を踏み出すことができるようになります。

◎ステップ2　二者間の関係性が変容（Lead Relationship）

　ステップ1で感覚を鍛え、自分らしさを再構築したら、次に、他者との関係性をバージョンアップしていきます。

　感覚を働かせることができる状態の人は、他者の感覚にも敏感になります。

　また、既に自分らしさを体得しているので、他者に対しても関心を移しやすくなります。これは、逆説的に考えるとわかりやすいでしょう。

　自分の感覚を無視し、自分を犠牲にしている時は、余裕がなく、他者に対しても心を寄せにくいものです。自分に不満足感がある状態では、「自分は××したいのに」「（自分は）相手に△△してほしい」という、エゴが先立ってしまうのです。

　しかし、ステップ1で自らの感覚に目を向け、自分らしさを

自覚し、受け入れられるようになると、自分のエゴが薄れ、他者に関心を移すことができるようになります。

　相手に礼を持って接することができる状態といえるでしょう。

　他者との関係性を深めるステップ２の行動様式は、以下の３つです。

④　（相手の）境界を知り、越える
⑤　（相手の）「弱さ」を尊重する
⑥　真の危機以外はエネルギーを温存する

　相手の境界を感知し、許可を得ながら越えていくことで、良い関係性を築く。誰しもが持つ「弱さ」に気づく感覚を身につけ、尊重することから始める。そして、本当に立ち向かうべき問題を見極める力を鍛えることで、他者との無用な争いをなくしていきます。

　このような行動様式を達成していくことで、ナチュラル・リーダーシップが求める、リスペクトある二者関係を築くことができます。

◎ステップ３　組織での関係性が変容
（Lead Relationship with Others）

　最後は、組織での関係性に応用していきます。

　皆が感覚を使い、自分らしさを大切にしながら、同時に、互いの強みや弱みを感じ取り、尊重しあう組織になれれば、組織の運営形態が変化し、ヒエラルキーが固定化しないフラットな組織へと変わっていきます。

　ステップ３の行動様式は、以下の４つです。

⑦　他者のルールの中でも自分の感覚に忠実
⑧　ゴールよりプロセス
⑨　複数でリーダーシップをとる
⑩　英雄的な感覚を持つ

　ほかのメンバーや集団のルールや価値観に違和感を持った際
は、我慢するのではなく、自分の感覚に忠実に、よきバランス
のとり方を考えます。どうしてもバランスがとれないと感じた
時は、それを内面からの警告と捉えてしっかり向き合います。
　また、ゴールありきではなく、プロセスそのものに価値を見
出します。プロセスの中から、想定していたゴールを越える、
まったく新しいものが生まれることがあります。
　組織の運営も、トップダウンではなく、その都度、よりよい
フォーメーションを模索し、皆でリーダーシップをとります。
　このような組織では、各個人が、自分の損得ではなく、全体
にとっての利益を優先するようになります。そして時には、自
分を犠牲にして他者を助けるヒーロー的な動きをするようにな
るでしょう。

　以上の３つのステップ、10の行動様式を実行していくことで、
ナチュラル・リーダーシップは身についていきます。各ステッ
プと行動様式の詳細については、CHAPTER 3以降でお話しし
ます。

06

世界のビジネスエリートが
積極的に自然から
学びを得る背景

　自然からの学びを重視するというスタンスは、欧米で積極的に研究・導入されてきました。

　はじめにでお話しした、スタンフォード大学医学部もその1つです。

　アメリカの医療機関では、「医師がカルテばかりを見て目の前の患者を見ない」といった問題が頻発しています。

　本来であれば、医師は目の前の患者を観察し、言語化されない内面を瞬時に汲み取って、適切に対応することが求められます。しかし、それが行われていないために、求められるケアができていないのです。

　そこでスタンフォード大学医学部は、「患者を機械的に扱わない」「医師としての感覚を研ぎ澄ます」「ストレス低減」といった目的で、2005年に牧場研修を導入しました。

　馬と感覚でやりとりをする体験を通じて、自らの感覚を研ぎ澄ましていくのです。同時に、集中力の強化も図るそうです。救急患者を受け入れた時は、医師の1分1秒の判断が生死を分けるため、「10秒を10分と感じるような集中力」が求められます。馬と対峙する経験を重ねることで、このような集中力を身につけるというわけです。

　世界の名だたるトップ企業、アップル、フェイスブック（現メタ）、ナイキ、アウディ、ヒューレット・パッカード、セー

ルスフォースなどでも、研修として取り入れた実績があります。

　経営者個人で利用したり、企業が役員研修や幹部候補生育成に利用するなど、様々な形で活用されているといえます。

　私の拠点で提供しているナチュラル・リーダーシップを身につけるための牧場研修も、ここ数年、参加者が増えてきました。

　激動の時代において、多種多様な環境に対応できるリーダーシップは、組織、個人問わず必要とされており、自然から学びを得ることの大切さに気づき始めたのでしょう。

　最初に牧場研修を本格導入してくださった企業は、資生堂でした。

　幹部候補の女性社員がマネジメントや経営のスキルを学ぶ、育成塾の企画運営を担当していた田岡大介さんは、牧場研修を選んだ理由を次のように語ってくださいました。

　社員の８割が女性、国内における女性リーダー比率30％以上（2017年当時）という資生堂ですが、女性リーダーの多くに「女性がリーダーをやるのは大変。男性のようにはできない。偉人でなければできない」といった「意識（思い込み）」があったそうです。

「彼女たちのある種の思い込みを解きほぐし、意識変容していくには、決まりきった正解を真似ていくような研修ではなく、自分の個性や強みに自分自身で気づく、あるいは自分を縛っている価値観や思い込みに気づくことで、自分らしさをコアに据えたリーダーシップを発見、体現する必要があると考え、探していました。馬とのアクティビティを通じて、自分の思考だけでなく、身体感覚、感情に全身全霊で向き合う牧場研修こそが、ふさわしいと思ったのです」

実際、研修を終えた幹部候補生たちの姿を見て、当時の社長はたいへん驚かれたそうです。ひと目でわかるほど、表情が変わっていたとのことでした。

　資生堂での導入を皮切りに、誰もが知る世界的大企業の日本支社がマネージャー昇格試験の要件として採用くださったほか、メガバンクの役員、日本最大規模の企業のグループの役員候補、起業家、戦略コンサルタントといったビジネスエリートの方々が、数多くいらっしゃるようになりました。
　才能はあるけれども型にはまりがちな「優等生タイプ」の幹部候補生の成長を促したり、若手との価値観のギャップに悩む50代役員メンバーの学び直しの場として、牧場研修が活用されることもあります。
　牧場研修で何を学び、何を得るかは、人それぞれですが、役員や幹部候補生の場合、それまでとは違った働き方ができるようになったケースが多々報告されています。
　組織としてチームビルドがうまくいったという事例もあります。オフィスとはまったく異なる環境で、仲間と共に感覚のやりとりをすることで、感情やプライドが原因で起きていた対立構造を解きほぐせるからです。

　最近は、俳優や漫画家、音楽家など、アーティスティックな仕事をしている方々も、牧場研修にいらっしゃいます。
　牧場研修を横展開し、ご自身と組織の成長のために活用されるケースもあります。『宇宙兄弟』『ドラゴン桜』等の作品を世に出した著名な編集者、佐渡島庸平さんは、非常に存在感のあるリーダーでした。
　起業家仲間と初めて牧場にいらした時は、強い態度で馬と接

するシーンが目立ち、ほかのメンバーから、圧の強さをフィードバックされていました。この経験を通じて、佐渡島さんは、自分が無意識のうちに周囲にプレッシャーを与えていることに気づき、「いかにして自分の存在感を消すか」「どうすれば"いる"だけで相手の力を引き出せるか」を追求されるようになりました。

その後も、年に数回のペースで牧場にいらしては、自身の状況を確認し、コントロールされています。

興味深いのは、牧場を自分一人の学びの場に留めていないことです。会社の役員といらしたり、息子さんといらして親子関係の構築の場としたりしています。

自然の中での研修が、なぜ、これほどまでにビジネスエリートの学びの場となっているのか。

この点をもう少し具体的にご理解いただくために、ここで1つ、牧場研修で行う簡単なワークをご紹介します。

自然に敏感になってもらうための、「音いくつ」というワークです。

とても簡単なワークなので、ぜひチャレンジしてみてください。③の共有が大事なので、できれば複数人で同時に行い、15分くらいかけて感想を話し合ってください。

日常生活に気づきを与えてくれる「音いくつ」のワーク

① 3分間、目を閉じて、聴覚に集中する。
② 聞こえてきた音をできるだけ細かく記憶する。
③ 目を開けて、周りの人と音がいくつ聞こえたのかを共有する。

＊お1人で行う場合は、②のタイミングで紙に書き出してみましょう。

普段、私たちは日常の中で、「自分に関係する音」しか意識していません。

　ミーティング中は全力で相手の話に耳を傾けますし、呼び出し音を聞いたらスマートフォンを取り出し、通話相手に集中します。反対に、音に注力する必要がない時、例えば自分の席でパソコン作業をしている時は、周りの音は「雑音」となり、聞き流していることでしょう。

　いつも仕事をしている場所で「音いくつ」のワークをすると、あなたの周りには無数の音があふれていることに気づくはずです。

　車の音、空気清浄機の音、通りを行き交う人々の会話、近所で行われている工事の音など……。
「いかに自分の聴覚が鈍っているか」「人と違うか」「どのような癖があるか」といったことを認識することができます。それと同時に、日々の生活の中で、実にたくさんの感覚を切り捨てていることにも気づくでしょう。

　複数人で同時にワークを行っても、10種類以上の音が聞こえる人もいれば、数種類しか聞こえない人もいます。また、同じ音であっても人によって聞こえ方や印象が変わることもあります。一見すると同じ場所でも、立ち位置が少し違うだけで、聞こえる音が変わることもわかるでしょう。

「見る」という行為は、目を閉じる、視線をずらす、焦点をずらすなどして見たいものだけを見るなどするため、能動的です。
　一方、「聞く」という行為は、周囲の音が自然と耳に入ってくるため、受動的です。受動的ですから、他の人と自分の「聞

こえ方」はだいたい同じはずなのですが、「音いくつ」のワークを行うと、音を受け取った時に、他者と大きく違いが出る、また、聞こえた音にバイアスをかけて解釈している、ということに気がつきます。

このことは、職場での自分の「聞く」行為の存りように、示唆を与えてくれます。

リーダーには、相手の言っていること、あるいは、発している音を、よく聞き、理解する必要があります。その際、自分がどれだけ多く聞くことができているか、いかにバイアスをかけずに受け取ることができているかが問われます。「音いくつ」のワークで得た気づきはそのまま、現場での"聞き方"に応用することができるというわけです。

このワークでもわかるように、人間はどうしても、バイアスにとらわれたものの見方や考え方をしてしまいます。本来、自分の感覚で、ありのままの自分や他者、周囲の環境を捉える力を持っているのですが、その感覚に蓋をしてしまっているため、活用できていないのです。

世界のビジネスエリートは、この弊害に気づき始めています。人間本来、自分本来の能力を取り戻すために、今こそ、自然界の力を借りて、学び直す必要があるのです。

07

詳細な分析よりも
「身体感覚」のほうが
正しいことも

　ほとんどの人は、思考を元に行動し、感情や感覚は抑制、または無視し、使わずに生活をしています。しかし、自分の感覚に鋭敏になり、その感覚に重きを置くことができるようになると、感じ方が変わり、考え方も変わり、その先の行動も変わります。

　この状態に行き着くと、日々の仕事や暮らしにも、顕著な変化が起きてきます。

　私の場合、大きな決断を迫られた時、「こめかみが張るような感覚」になることに気づきました。いわゆる「ピンとくる」の身体反応です。

　このような身体反応があった時は、自分の中でゴーサインが出ているのだとわかっていますので、多少見切り発車気味でも、実行に移すようにしています。札幌に牧場をオープンする時も、この感覚を頼りにしました。

　世界的に有名な科学ジャーナリストでありイェール大学で講師も務めるアニー・マーフィー・ポールは、著書『脳の外で考える』で、ある株式トレーダーの事例を紹介されています。

　株取引の世界では、最高の教育を受けてきた比類ない才能を持つ人が、莫大な量の経済記事や統計を駆使し、持てるすべての分析力を駆使して、非の打ち所がない理論と揺るぎない根拠

を元に最高のトレードをしています。

にもかかわらず、常に勝てるとは限りません。

一方、「腹にズシンとくる」というような直感に従って売買を決断した時は、高確率で利益を上げられたそうです。

自分の感覚に敏感になると、他者の感覚にも敏感になります。相手の言葉や身体反応から多くの情報を得て、それを前提とした言動ができるようになるため、コミュニケーションの質が上がります。

物事のほんのわずかな差異や変化を発見できるようになりますから、「一面だけを見てすぐ飽きる」「すぐにわかったつもりになる」といった短絡的な言動も減るでしょう。

・どの年代の人とも話ができる。
・自分とまったく違うバックグランドの人とも話ができる。
・物事に飽きにくい。
・海外で言語が通じなくてもなんとかやっていける。
・自分の周りに人やお金、物などのリソースが集まってくる。

このような状態になっていたら、感覚が研ぎ澄まされていると言っていいでしょう。

必然的にビジネスや人間関係も、円滑に進むはずです。熱意や想いがダイレクトに伝わり、人やリソースも集まるようになります。

08

人間は誰しも社会の中で「2つの檻」に閉じ込められている

　ナチュラル・リーダーシップは、周囲の環境の変化に伴い、これまでの手法が通用しなくなってきたと感じている方に、特に役立つものだと考えています。

　同時に、社会や周りに求められる理想の姿を目指し、演じてきた「私」に無理が生じて、自分らしさや目指す方向がわからなくなっている方にも、身につけていただきたいリーダーシップ論であり、考え方です。

　もし、以下のようなことに思い当たるようでしたら、皆さんはまさに今、ナチュラル・リーダーシップと出会うべきタイミングと言えるでしょう。

・今まで順調だったのに、自らの成長にブレーキがかかっている気がする。
・自分自身のリーダーシップに行き詰まりを感じている。
・働き方や生き方に違和感がある。
・自分自身の在りように何らかの限界を感じている。

　実は、牧場研修にいらっしゃるビジネスエリートと呼ばれる方たちの多くが、こうした壁にぶつかっています。

　なぜ今、このような壁にぶつかっているのでしょうか。

　私は、現代の人間が、免れることのできない社会の「檻」に閉じ込められているからだと考えています。

　人間社会には「2つの檻」があります。
　1つ目の檻は、私たちに他者との争いを強いる「競争の檻」です。社会では常に比較と競争にさらされています。
　教育を通じて常に比較される子ども時代に始まり、就職活動で強いられる競争、社内での出世争い、企業同士の競争と、常に競争の世界に身を置いています。

　2つ目の檻は、私たち人間が否が応でもとらわれる「言葉の檻」です。
　私たちの思考は、常に言葉に縛られています。

　自分の発した言葉。
　他者から発せられた言葉。
　社会から発せられた言葉。

　こうして言葉が重視される一方で、言語化しがたい微細な感覚、「私」の根本から発せられる声なき声は、置き去りにされがちです。

　この2つの檻を持つ社会に、私たちは生まれると同時に放り込まれます。
　最初は親かそれに代わる人の庇護のもと、思考や価値観、振る舞いに、無意識のうちに影響を受けます。
　その後は地域の文化、幼稚園や保育園、小学校などの組織それぞれの型に自分を合わせます。

会社に入ると、その会社の風土や業界の慣習に影響を受けます。日本という国の価値観や、日本の属する資本主義という経済システムの価値観も、当然のものとして刷り込まれます。

　歳を重ねるごとにより多くの情報を得て、「思考」が強化されていくのです。

　自分の根っこを育てる間もなく、次から次へと社会の型が刻まれることで、「自分は本当はどう感じているのか？」「本当は何が好きなのか？」など、自分の内側から湧き出てくる感覚に鈍感になってしまうのです。

　以前、社員50名ほどの会社を率いる40代の女性社長から、次のようなお話を伺いました。

「社員が求める社長像、期待される言動を常に先読みして演じているうちに、社員から嫌われはしないけれど、自分が何をしたいのか、わからなくなってしまいました。心から嬉しい、楽しいなどと思うことも、ほとんどありません」

　日々、社員たちとの関係性、責務の重さに疲弊し、このような状態になってしまったというのです。

　数日後、この女性社長の部下であるAさんとお話をする機会がありました。Aさんは、女性社長の同期で、仲の良い友人関係で、女性社長の疲弊ぶりを心配していましたが、「実は……」とこんな話をしてくれました。

「実は……、社長が頑張ってくれているからと社員も気を使ってしまって、言いたいことが言えなくて疲弊しているのです」

　つまり、お互いが「檻」に閉じ込められ、不自然な状態になってしまっていたのです。

　社会の檻の中でお互いが感覚・感情を殺して演じ続けていると、関係がいびつになり、お互いの可能性を奪ってしまったり、

成長を止めてしまったりといった事態を引き起こしかねません。

　檻の外に出るためには、檻の存在に気づき、染み付いた固定観念を剥がす作業をすること、そして、閉じた感覚を開き直すことが求められます。そのためにも、まずはリーダーが自らその実践に着手し、変化していく必要があるといえるでしょう。

　これまでの私たちは、「リーダー」とは、ピラミッドの頂点に立つ能力の高い人である、という強烈な思い込みに支配されていました。

　しかし今の時代、人間はより感覚に忠実に生き、自分らしさを取り戻すこと、そして他者とも、自然界に見られるようなフラットな関係性を築くことが求められます。

　そのための「リーダーシップ」を発揮する手法が「ナチュラル・リーダーシップ」であり、既に、国内外のトップエリートの間では、この行動様式を身につける動きが始まっています。「ナチュラル・リーダーシップ」を阻害する存在が、「競争の檻」と「言葉の檻」という2つの檻の存在なのです。

　この檻から出るには、自らにこびりついた「固定観念」を剥がしていく必要があります。

　では、どのように「固定観念」を剥がせばよいのでしょうか？

　CHAPTER 2からは、その方策としてのアンラーニングについてお伝えいたします。

CHAPTER 2

時代にあった
リーダーで在り続けるために
「アンラーニング」が必要

01

「何か、大切なものを
見失っているのではないか?」

「……ああ、そういうことか」

　牧場研修に参加された、某グローバル企業でリーダーを務めている50代のPさんが、研修後につぶやかれたひと言です。

　今、各業界の最前線を走るリーダーの方々が、「自分の成長が止まっているのではないか?」という漠然とした不安を抱えています。

　さまざまなスキルを身につけてきた——。
　人に誇れる経験と業績がある——。
　今はそれなりのポジションに就いている——。

　そうした自負があるにもかかわらず、日々起こる様々な出来事に向き合う中で、「本当にこれでいいのか」「私だけが間違えているということはないだろうか」「未来に向けて、部下たちを導いていくことができているのだろうか」「そもそも、自分自身、どうなのだろうか」など、人間関係、組織運営、さらには自分の働き方や生き方にまで悩みを募らせ、憂悶（ゆうもん）のループをさ迷い続けています。
　一方で、そんな迷いを見せるわけにはいかないと、冷静に、

論理的にいようと、ますます自分の個性や感情を押し殺してしまうため、本来の「自分」がわからなくなり、そんな自分に対しても違和感を持ち始めます。

「何か、大切なものを見失っているのではないか——？」

　牧場研修に参加される経営者、そしてリーダーの方々に参加の動機を尋ねると、言葉はそれぞれ違いますが、漠然とした不安を吐露されます。

　研修では、馬と接することで学び、自分自身と向き合い、学びを深めていきます。
　普段は冷静な経営者やリーダーの方たちも、馬の反応に戸惑ったり、唖然としたり、反抗したり、憤然としたり、時には涙し、感情を外に出しながら、課題をクリアしようと奮闘されます。
　その後、馬と接した時に味わった、普段は味わえない（閉じていた）感覚をベースに自分と向き合い、人との関わり合い方、ひいては自身のリーダーシップの在り方を問い直します。
　まとっていた鎧を脱ぎ捨て、感覚を開き、「自分とは何か？」「他者とどう関わるべきか？」を内省し、再構築していく時間です。
　私はこれを、「人間性を取り戻すプロセス」と捉えています。
　思考でも感情でもない、さらにその奥底にある自分の感覚領域に入り込み、閉じた身体感覚をひらき、究極の内省をする時間です。
　Ｐさんの「……ああ、そういうことか」は、そのプロセスの中で戻ってきた感覚から漏れ出たひと言なのでしょう。

02

学びを積み重ね
自己変容へ

　先ほどご紹介した山口周氏は、次のように述べています。

　「近い将来、『豊富な経験を持ち、その経験に頼ろうとする人材』
はオールドタイプとして価値を失っていく一方で、『経験に頼
らず、新しい状況から学習する』人材がニュータイプとして高
く評価されることになるでしょう」

　これまでビジネスの世界では、「経験値」がその人物の優秀
さを定義する尺度として重要視されてきました。しかし今は、
「経験値」が人物の優秀さを示す指標とはならない時代になっ
てきています。
　世の中の仕組み、技術の革新、そして環境の変化によって、
経験の価値がリセットされてしまうからです。

　「経験によってある個人のパフォーマンスが高まるのは、経験
によってその人のパターン認識能力が高まるからです。
　しかし、環境変化が速くなると、このようなパターン認識の
能力は、価値を減殺させることになります。
　いや、価値を減殺させるどころか、むしろ足かせのように、
個人の状況への適応力を破壊することにもなりかねません」
　と、山口氏は述べています。

　実際、科学技術の進歩によって、ここ数十年でビジネスの在り方は大きく変化しています。

　パソコンの登場、スマートフォンの登場、AIの登場……。近年は、新型コロナウイルスの流行によって働き方、生き方が見直され、企業体としての在り方が変わった企業も少なくありません。

　こうした数々の変化の中、成長した企業のリーダーたちは、経験にとらわれず、日々変わる状況に応じて目の前の対策をとると共に、未来を見越して勇気と覚悟を持ってチャレンジしています。

　ただし、誤解してはいけないのが、経験や知識が役に立たないというわけではありません。

　これらを状況にあったパフォーマンスを上げる糧として変容させ、有効活用できる自分であり続ければいいのです。

　これまでの学びや経験を財産として持ったまま、最大限に活かして、これからも成長し続けるのに最適なのが、「アンラーニング（Unlearning）」です。

　日本語では「学習棄却」「学びほぐし」などと訳されます。

　これまで学び、身につけてきた知識や思考、習慣、スキルなどから、必要なくなったものはいったん手放し、代わりに新しく学び、さらに成長していくことを意味します。

　言い換えると、自身の価値観を取捨選択し、知識やスキルを新たに習得することで修正することです。

　人は何かを判断する時、自分の経験、知識を活用します。

　ともすると、経験、知識ありきで考えてしまいがちで、無意

識のうちにほかの可能性を排除してしまいます。

　日々、様々な判断、決断を下さなければならないリーダーにとって、自分の経験、知識に頼りすぎるのは、本人にとっても、組織・企業にとっても大きなリスクとなります。

　時代の流れ、世の中の動きに寄り添った判断をするために、リーダーは身につけてきたものを手放し、新たに学び直し続けることで、ニュータイプのリーダーであり続けることができるのです。

03

「doing（＝行動の結果）」ではなく「being（＝その人自身）」

　ここ数年、「doing（＝行動の結果）ではなく being（＝その人自身）を鍛えたい」という人事部から、リーダー研修の依頼が入るようになってきました。

　現在、その流れは一段と加速してきています。

「doing」を鍛えるとは、「財務」「マネジメント」「技術」「論理的思考」など、何かしらのスキルを獲得することを目的として学ぶことです。

　研修を通じて「○○という新しいスキル」を身につけた社員たちが、そのスキルを活かして今後の行動、および、その行動が生み出す結果（＝ doing）を予測することができます。

　社員のスキル向上は、生産性アップなど、組織の利益にわかりやすく直結するため、企業はこれまで多種多様な doing の研修を導入し、社員育成に活用してきました。

　一方で、「being」を鍛えることに、あまり取り組んできませんでした。being は、その人の人格やその人自身の存りようのことで、外からは非常に捉えにくいものです。その人か感じていること、考えていること、大切にしていることも含まれます。ほかの人が変えることのできるものではなく、各個人の責任で鍛えるものであるとして、多くの企業は介在してこなかったのです。

　しかしながら、現代、少子高齢化の加速や AI 技術の発展な

どを受け、予測不可能で変革が求められる時代に突入しました。企業も、多様なbeing（個性とも言えます）を受け入れる必要に迫られています。様々なbeingが存在することで生産性が高まり、持続可能な組織として生き残ることができるという考え方が広がり始めているのです。

　ただし、「職場に多様なbeingを！」という社会的欲求が高まったところで、各々が自発的にbeingを鍛え始め、自然に多様性のある組織になるのは難しいものです。
　beingのひとつひとつは多様でそれぞれに違いがありますし、個性的であればあるほど共感できるメンバーが少なく、組織の中で、そのbeingを発揮する力は弱いものとなってしまうでしょう。仮に発揮されたとしても、その他大勢に、簡単に潰されてしまいます（同調圧力）。
　組織の各個人のbeingを鍛えるには、beingが多様であることを、まず企業の上層部が理解し、組織の戦略として取り組む必要があります。同調圧力を排除し、個人のbeingを尊重するというビジョンを明確にするなど、トップ層が変わることです。
　いち早くこのことに気づき、「doingではなくbeingを鍛えたい」と考えている企業は、「まずは経営陣のbeingの存りようを問い直す」「女性リーダー候補のbeingを支援する」といった形で、beingにアプローチする研修を探すようになってきています。

　beingを鍛える研修とは、自分の人格や在り方、目に見えない価値観を鍛える場ということです。人それぞれ異なるものですから、身につける方法も人それぞれに好みがあります。
　ご自身の過去を遡ってみてください。自分のbeingを形作ってきたものとして、野球やサッカーといったスポーツ、武道、

茶道、華道、書道など「道」のつく習い事、読書、音楽……など、様々なことが思い浮かぶのではないでしょうか。

　しかし、そのうちのどれが自分のbeingをつくったかを言い切ることのできる方は、ごく少数でしょう。

　このように、beingの鍛え方は多様・複雑で、短時間の研修で鍛えるのは難しい面があります。そのため、企業側も、研修の選び方や設計に苦労をしています。

　そのような中、今、自然界から学ぶ研修が注目されています。自然は、人間の様々な感覚に刺激を与えることで、beingを見失なわせる人間社会の鎧、doing的なものを、いったん脱がせてくれるからです。

04

「本当の自分」を見失っている
リーダーは少なくない

「今のあなたは、本当のあなた自身ですか？」

この問いに、皆さんはどう答えますか？

社会人として、リーダーとして、私なりに様々なことに励んできましたが、ナチュラル・リーダーシップを身につける前は、こうした類の問いに対して、うまく答えることができなくなっていました。

牧場研修をしていて気づいたことですが、既存の社会の仕組みの中で評価されてきたリーダー（トップ層）の方々にもよくみられる現象です。

社会の要求に応える形でdoingを鍛えることに注力し、その努力によって成功を重ねてきた一方で、ご自身のbeingについて考えを巡らす機会がほとんどないからでしょう。

周囲の期待するdoingを実行するために「最適なbeing」を悟り、それこそが「あるべき自分」だと勘違いしている方も少なくありません。仕事とプライベートを完全に分けて、ビジネス用の別人格をつくりあげる方も、往々にしていらっしゃいます。

つまり、よきリーダーであるがために、本来のbeingとは違う新たなbeingを身につけ、鎧のようにまとい続けて無意識のうちに定着させてしまい、「今のあなたは、本当のあなた自身

ですか？」という問いを突き付けられた時に答えられなくなってしまうのです。

何重にも鎧を被ったリーダー（トップ層）の「being」を鍛え直すことができるのが、アンラーニングです。

「鎧を脱ぐ作業」と言い換えることもできます。

鎧を脱ぐのは、気恥ずかしく、見たくないものを見るような痛みを伴うこともありますが、本来の自分のbeingを取り戻すためには必須です。

この鎧をつくりあげている代表的存在が、「固定概念」です。

「固定観念」というものがいかに強固で、剥がすのが大変か。まずはそのことについて、お話ししましょう。

05

あなたの行動と可能性を
狭めているのは、これまで
身につけてきた経験と考え方

　牧場研修にいらっしゃるリーダーの方々は、「リーダー同士で確執がある」「チームが一枚岩にならない」といった悩みを口にされます。

　50代以上の方からは、「今の若い人は何を考えているかわからない」という言葉がよく聞かれます。

　近年、「海外にルーツを持つスタッフとのコミュニケーションに悩む」と言う方も激増しました。

　これらの課題感の背景にはいずれも、「固定観念」や「思い込み」が関わっています。

　例えば、以下のような具合です。

・「リーダー同士で確執がある」「チームが一枚岩にならない」
　→「社長（ほかの役員）は違う意見に耳を貸さない」「皆が
　自分の部署ばかりを優先する」という固定観念

・「今の若い人は何を考えているかわからない」→「若い人は
　やる気が薄い」「根性がない」という固定観念

・「海外にルーツを持つスタッフとのコミュニケーションに悩
　む」→「海外の人は自己主張が強い」「論理ばかりで情がない」
　「仕事よりも家族中心」という固定観念

　このように、あらゆる課題において、高い確率で固定観念や思い込みが介在しています。

　しかも、当人はほとんどの場合、その事実に気づいていません。自覚がないまま無意識に、思考が縛られてしまっているのです。

　ここでいう「固定観念」とは、「○○は××である」という、自分の中に強く染み付いた考えを指します。あまりに凝り固まっているので、他者の意見に耳を貸したり、周囲の状況に合わせて考えを変えたりすることができません。

　なぜなら、これまで培ってきた知識、学び、経験などからたどり着いた考えであり、その人の財産ともいえるからです。この大事なものを厄介な「固定観念」と言われても、戸惑うことでしょう。

　しかし、時を経るにつれ、その財産であったはずのものが、柔軟な発想や適切な判断をする際の妨げとなり、行動や可能性を、無意識のうちに狭めてしまっているのもまた事実なのです。

　多様な判断を下すことができていたとしても、その判断軸が、固定観念に寄ってしまっていることもあります。

　まずはそのことを受け入れることが重要です。

　変化が激しく予測不可能なこれからの時代において、世の中の流れや状況に応じた判断をするためには、自分の考えを見直し、新しい考えを取り入れる柔軟さが大切です。

　特にリーダーは、チームのメンバーや企業・組織の可能性を探り、伸ばしていくことが求められます。

　誰よりも先に時代の流れを読み、変化を受け止め、柔軟に対応できる自分であるためのアンラーニングです。

06

アンラーニングは
新たな「伸びしろ」との出会い

「ナチュラル・リーダーシップ」を身につける第一歩は、既存の価値観から自由になること、つまり、「アンラーニング」の習慣を身につけることです。

アンラーニングとは、これまで身につけてきた知識や思考、習慣、スキルなどから、必要なくなったものをいったん手放し、代わりに、新たに学び直しを行うことです。

まずは、無意識に抱いていた固定観念を自覚し、それらを手放すことから始めます。「若い人はやる気がない」「リーダーは自信にあふれていなければならない」といった決めつけや思い込みを、一時的に脇に置くのです。

すると、必然的にゼロベースで課題と向き合うことになり、それまで考えもしなかった新たな視点が生まれてきます。

その後は必要に応じて、脇に置いていた「過去の認識」も混ぜ込み、整理し直します。過去の学びを全面的に否定せず、場合によっては活用することも、アンラーニングでは大切です。

例えば、「今まで仕事がうまくいっていたのに、配置換えで環境が変わってしまい、居心地がよくない。これからどうすればいいのだろう」という悩みを抱えていたとします。中堅のビジネスパーソンにはありがちな悩みです。

このようなケースでは、次の思い込みを脇に置いてみます。

・これまでの環境が最適だった。
・これまでの自分は順調だった。

　すると、「そもそも自分にとっての最適とは何だろう？」「自分は順調だと思っていたけれど、実はハッピーではなかったかも？」「これまでは自分の長所を活かせるシーンが少なかったのではないか？」などと、思わぬ問いが生まれます。

　このような問いを深堀りしていくと、予測していなかった解決方法や選択肢、新たな「伸びしろ」が見つかるものです。突き詰めて考えた結果、「やはり、これまでの環境が最適だった」「これまでの自分は順調だった」と、再認識する可能性もあるでしょう。

　その場合は、無理して否定する必要はありません。「過去の認識」が正しかったということですから、もう一度混ぜ直せばいいのです。

　結論が同じであっても、深く考えた結果であれば、確信を持って行動できるようになります。「どうすれば新たな環境を最適にすることができるのか？」と考えるきっかけにもなるはずです。

　いずれにしても、リーダーが覚悟と勇気を持ってアンラーニングに臨めば、その姿は周囲に大きなインパクトを与えます。

　リーダーの学び直しそのものが、部下たちに有益な影響を与え、学びの連鎖を起こしてくれます。やがては社外の関係者にも影響し、社会へのよきインパクトにもなるでしょう。

07

理想はより深い
「中核的アンラーニング」に
たどり着くこと

　アンラーニングでは、当たり前と感じていること、自分の信念、大切にしているルーティンなどを変更する必要に迫られます。そのため、現時点で成功を収めている人ほど、ハードルの高さを感じるはずです。

　牧場研修にいらっしゃった50代の経営者の方に、女性の参加者とペアでワークを行ってもらった時のことです。
　女性には目隠しをし、声しか聞こえない状態で馬の手綱を握り、馬と歩く役割を、経営者の方には、女性が馬を連れて歩けるように、声だけで指示を出し、誘導する役割を担ってもらいました。
　ワークを始めるなり、経営者の方は女性と馬の２メートルほど横に立ち、「右へ」「まっすぐ」など、スマートに指示を出し始めました。張りがあり、短く聞き取りやすい声です。
　目隠しをした女性はそそくさと動き、馬と一緒にゴールまでたどり着きました。

　経営者の方に感想を聞いてみると、即座に「うまくできたと思います」と答えました。スムーズにいったことが、よほど嬉しかったのでしょう、すっかりご満悦の様子です。
　続けて、馬を引く相手役を務めた女性に感想を尋ねると、次

のような言葉が返ってきました。

「……恐かったです。不安な気持ちを口にできる雰囲気ではなかったので、頑張りましたけど」

　目隠しをしていたため、暗闇の中、真横から大きな声で指示が飛んでくることが、とても怖かったのだそうです。暗闇の中を歩くだけでも不安なのに、馬を連れているわけです。不安を払拭するには、指示だけでは不充分で、「大丈夫？」という気遣いや、励ましの声がけも欲しかった、目隠しのせいで周囲の状況がわからないため、足元の状態や馬の様子も伝えてほしかったと言い添えました。

　予想外のダメ出しの連続に、経営者の方の表情はみるみるこわばっていきました。

　彼はゴールすることだけを考えて、女性がわかりやすいよう、一生懸命言葉を選び、指示をしていました。しかし、指示をされる側の気持ちまでは意識ができていなかったことに気づかされたのです。

　しかも、彼は、女性が難なくゴールしたうえに、たまに笑っているようにも見えた（実際は、不安と戸惑いをごまかすための苦笑い）ので、軽々と指示をこなしていると思い込んでいたそうです。彼女の感情まで、大きく読み違えていました。

　この体験を通じて、経営者の方は、これまでベストだと思っていた「指示の出し方」には、多くの問題点があることに気づいたそうです。

　知らず知らずのうちに、「相手の気持ちを理解できている」という思い込みがあったと深く内省し、「自分の捉え方を根本から見直さないといけないですね」とおっしゃっていました。

役員、社長、起業家など、ポジションの高い方ほど、「自分はできる」の罠に陥る危険があります。

　事業を前進させることに意識が行きすぎて、周囲が恐怖や不安を我慢していたり、無理していたりしても気づかずに、都合のいい捉え方をしてしまうのです。

　北海道大学の松尾睦教授は、アンラーニングには「表層的アンラーニング」と「中核的アンラーニング」の2種類があるとしています（図参照）。

二段階のアンラーニング

中核的アンラーニング
根本的な仕事の型や
アプローチを変える

表層的アンラーニング
スキルやテクニックなど、
表面的なアップデートを行う

参考：『仕事のアンラーニング　働き方を学びほぐす』(同文舘出版)

　スキルやテクニックだけをどんどん入れ替えるのが表層的アンラーニングです。

　一方、基盤となる仕事の型やアプローチまで変えるのが中核的アンラーニングです。後者のほうが、より大きな変革をもたらします。

　さらに松尾教授は、次のように述べています。

「意識しづらい自分の型やスタイルの問題に気づき、中核的で深いアンラーニングを実施することは『至難の業』である」

　それでも、アンラーニングを実践して、自分の「伸びしろ」に出会う感覚は、非常に心地よいものです。特に経営者やリーダーの場合、個人としての変革がきっかけとなって、組織全体の変革が行われることもあります。

　何より「自然」という大きな存在と触れ合うことで、今までにはなかった気づきを得られます。固定観念から自由になりやすくなるのです。

　巻末付録でご紹介しているワークを実践することも、アンラーニングの大きな手助けになるはずです。

　ぜひ、参考にしてください。

08

業界の常識が
必ずしも正しいとは限らない

　Ｖさんはコンサルティングファームの共同経営者です。

　経営者ではあるものの、コンサルタントとしての専門性を高めるべく日々切磋琢磨し、誰よりも働き、誰よりも結果を出し続けているＶさんは、顧客からの信頼が厚く、部下からは憧れの存在となっています。

　コンサルティングファームという業態は、会社組織ではありますが、キャリア志向の強者たちの集まりで、ある意味、プロプレイヤーの集団という側面があります。

　成果主義が徹底されており、各スタッフの成績が明確に現れるため、「結果を出せない人は辞めさせる」というのが業界の常識、風土とされています。

　Ｖさんは以前から、この業界ならではの常識に懐疑的で、「もっとよい在り方があるはず」と考えていたそうです。

　その中で、「牧場研修」を知り、多忙であるにもかかわらず、研修を受講しにいらっしゃいました。

　Ｖさんの話を聞いた私は、「馬と過ごす」ワークをしてもらうことにしました。

　馬場に入り、そこにいる馬３頭を自分の会社の社員と想定し

て一緒に過ごしていただくというものです。

過ごし方は自由です。時間制限もありません。

Ｖさんは角馬場（馬の運動用の砂場）に入ると、特定の馬にアプローチしたり、逆にすべての馬から離れてみたり、ボーッとしたりして過ごしていました。

30分ほどが経過したところで、Ｖさんが馬場から出ようとすると、3頭の中でいちばん体が小さく、力の弱い馬が、Ｖさんに寄り添って歩き出しました。Ｖさんもすぐにそのことに気づき、しばらくの間一緒に歩くなどして、その馬と向かい合っていました。

馬場から出てきたＶさんに感想を聞いてみると、「組織（馬3頭）の中の弱い存在に目がいきました」との答えが返ってきました。

「弱い存在」とは、最後に一緒に着いてきた馬です。

少し離れた場所に1頭でたたずみながら、何度もＶさんに目を向けてくるため、Ｖさんは馬場にいる間、ずっと気になっていたそうです。

そして、この馬の姿を通して、自身の会社について考えたと言います。

「コンサルティングファームには、優秀な強い人たちが集まってきます。先輩も同僚も能力が高く、いつも圧倒されます。リーダーシップも発揮してくれ、リーダーである私からしても、心強い存在です。

強い人たちがいっぱいいるのだから、先頭は彼らに任せればいい。

僕の役割は、結果を出せない人たちにいち早く気づいて、後

方からサポートすることなのではと感じました。

　そのようにポジションを変えることで、組織の調和も保てるかもしれません。各スタッフの個性を引き出すこともできるはずです」

　Ｖさんは研修後、職場で成果が思うように出せていないスタッフや取り残されそうになっているスタッフにこれまで以上に目を向けて、早めに声がけするようにしました。彼らと接する機会も増えていったそうです。

　これは、Ｖさんの属するコンサルティングファームで、誰も担っていなかった役割でした。

　Ｖさんの行動変容は、組織の新たな成長のきっかけとなりました。衝突しがちだったリーダーたちの関係も大きく改善したそうです。Ｖさんのチームではもともと辞める人はいませんでしたが、さらにケアを強化し、今は別チームの離職についてのフォローアップにも取り組んでいるそうです。そして離職の少ない企業であるという風土が、クライアントや業界からの信用力を上げていると感じているそうです。

　これまでの業界特有の価値観、固定概念を横に置く作業は、中核的アンラーニングといえます。

　Ｖさんは、馬とのワークで、中核的アンラーニングすることができて、本来の自分の存りように戻すことで、それに相応しい行動変容へとつながっていった事例でした。

09

アンラーニングを促す 「困難な対話」

　牧場研修の中で人気があるプログラムに、「困難な対話」というワークがあります。

　馬との間に起きた事象やそこから学び得たことを、ビジネスの現場で適用させるための室内ワークです。このワークを通じて、ナチュラル・リーダーシップが大切にする、事実の捉え方、相手への関心の寄せ方、問いのスキルを磨きます。

　このワークは数名で行い、最初にファシリテーターと書記を1名ずつ用意します。

　人が足りない時は、ファシリテーターが書記も兼任して構いません。そして、メンバーの1人が、過去に体験し、未だ解決していない、特定の誰かとの「困難だった対話（実際の会話、コミュニケーション）」の実例を話し、それ以外の人は、質問をする役を担います。

　ワークで得られることは、役割によって違います。

　自分の事例を話す人は、質問者からの質問に答えていく過程で、自分の思考パターンをはじめとする、様々な気づきを得ることができます。

　質問者は、自分の質問の仕方の癖や傾向に気づき、「話の聞き方」「問いの立て方」をアンラーニングできます。

ワークは次のように進めます。

まず準備として、書記またはファシリテーターが、「T字分析フレーム」と呼んでいる下の図のようなフレームを、大きなボードに描きます。T字のフレームは、「事実＝T字の横のバー」と「主観＝T字の縦のバー」とを分けて考えることを示唆しています。

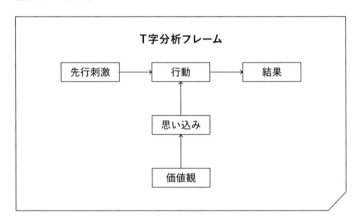

次に、付箋を用意し、当事者の事例をフレームに合わせて付箋でプロットしていき、望ましくない「結果」がどのような「先行刺激（きっかけ）」と「行動」によって起きたかを可視化します。

次ページの図は、部下のAさんから、いきなり「会社をやめたい」と退職の意向を告げられた場合の対応を考えたものです。

この図のように当事者の事例をプロットできたところで、ワークの開始です。

T字の横のバーは「事実」の時系列の流れ、縦のバーは、その人の思い込みや価値観がわかります。質問者は、T字の横のバーと縦のバーの両方を意識しながら、発表者の話をバランス

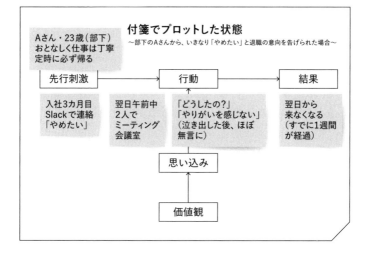

付箋でプロットした状態
〜部下のAさんから、いきなり「やめたい」と退職の意向を告げられた場合〜

Aさん・23歳（部下）
おとなしく仕事は丁寧
定時に必ず帰る

先行刺激	→	行動		結果
入社3カ月目 Slackで連絡「やめたい」	翌日午前中 2人でミーティング 会議室	「どうしたの?」「やりがいを感じない」（泣き出した後、ほぼ無言に）		翌日から来なくなる（すでに1週間が経過）

思い込み

価値観

よく聞くように心がけます。

このワークでは、「質問の仕方」が非常に重要です。

質問者は、「当事者が抱えている課題の答えは、当事者の中にしかない」ことを前提とし、自分の推論を一切働かせずに質問することを徹底します。

実は、これがとても難しいのです。

優秀な方ほど、「そもそもこれが問題なのでは？」「解決のためには、こうすればいいのでは？」などと、相手の話を聞きながら自身の頭をフル回転させてしまい、無意識のうちに、自分が思い至った考えに誘導するような質問をしがちです。

ですが、このワークでは、こうした推論や誘導は禁止です。答えは当事者の中にあるので、質問者が答えを探す必要はありません。あくまで発表者、つまり、当事者が質問を受け、答えていく中で、自ら答えを発見する機会とするのです。

質問の回数や時間を重ねることで、段々と、当事者が思わず「それは考えたことがなかったな」「いい質問ですね」とうなるような質問ができるようになってきます。

　また、質問者側も他の質問者の質問を聞いて「そんな視点があったか！」と目から鱗の体験をしていただくこともできます。そうなってくると、当事者にとっても質問者にとっても、気づきの宝庫となります。

　インタビューのプロフェッショナルで、誰に対しても、うなるような良い質問をたくさんできる方にとっても、このワークは意味があります。

　以前、「困難な対話」のワークに参加された『行列のできるインタビュアーの聞く技術 相手の心をほぐすヒント88』（ダイヤモンド社）の著者であり、聞くプロとして著名な宮本恵理子さんは、次のようにおっしゃっていました。

「（いただいた）質問から、自分では思いつかない視点を得られるのが新鮮で、自分自身の質問の仕方のクセも見えてきた（私は『相手に寄り添う系』の質問が多いらしい）」

　人は誰しも、その人特有の思考のパターンを持っています。

　このワークでは、そのような“自分の傾向”、つまり、自分の思考の癖に気づくことができます。

　さらに、他人の思考の癖にも気づくことができるようになり、当事者が普段は思考しないパターンの質問を、あえて投げかけることができるようになります。

　質問者が当事者に答えを委ねることができるようになると、当事者は、尋問されているような圧迫感を受けることなく、自

分の内面に深くダイブすることができます。質問者のレベルが上がっていくと、当事者はそれまで考えたこともないような視点で内省でき、新しい自分を発見し、終了後はスッキリとした、前向きな気持ちになることができます。

　相手に関心を寄せ、相手の中から答えを引き出す質問ができるようになると、リーダーとして部下の可能性を質問で引き出したり、部下をモチベートしたり、周りの人たちを巻き込んだり、あるいは新しいアイデアを皆で生み出したりすることが自然とできるようになります。
　部下が、リーダー（あなた）と話すことで「アイデアが湧いた」「自分が成長できた」「癒やされた」といった感想を持つようになります。
　部下に限らず、周囲の人々があなたと話したいと思うようになり、大事な場面で頼ってもらうことができるようになるでしょう。

　この質問のスキルを身につけるには、質問者自身が自分の思考の癖や無意識のバイアスに意識を向ける必要があります。
　慣れないうちは、「困難な対話」のワークを社内で行うなどして、トレーニングをしておくとよいでしょう。

＊　＊　＊

　CHAPTER 2では、ナチュラル・リーダーシップを身につけるにあたって非常に重要なアンラーニングについてお話ししてきました。
　ここでいうアンラーニングとは、スキルのアンラーニングだ

けでなく、自分の中核をなす価値観のアンラーニングも指しています。

　この両面にアプローチすることは、行動変容の第一歩を踏み出すにあたって必須です。

　さて、アンラーニングができたら、いよいよナチュラル・リーダーシップを身につけるためのステップ1に入っていきましょう。

CHAPTER 3

ナチュラル・リーダーシップ
ステップ 1

Lead Self
～個人の内部が変容する～

01

感覚と行動が一致したとき
内面から変化する

　40ページでご紹介したように、ナチュラル・リーダーシップは、3つのステップと10の行動様式を活用して身につけていきます。

　CHAPTER3では、入口となるステップ1について説明します。

ナチュラル・リーダーシップが身につくステップ1の仕組み

	ステップの内容	行動様式の内容
ステップ1 個人の内部が変容 (Lead Self)	高度なレベルで 心身が一致する	①感覚を鍛える
		②感覚を情報に変える
		③センス・オブ・ワンダー を持つ

　ステップ1のテーマは、「個人の内部が変容（Lead Self）」するです。

　五感をはじめとする自分の感覚を鍛えることで、脳に"自分が本当に感じている"ことが伝わり、その結果、考えることも変わっていきます。

　考え方が変わると、自ずと行動も変わるため、「本当に感じていることと、実際に行っていること」が一致し始めます。これを、「心（感じていること：感覚）」と「体（実際に行っていること：行動＆言動）」がつながった、「心身一致」の状態と呼

びます。

　ナチュラル・リーダーシップでは、自分の内部を変容させることで、心身一致の状態を高めていくことを目指します。

　悩めるリーダーの多くが、感じていることと実際の振る舞いに乖離（かいり）があり、感覚と行動のバランスが崩れがちです。社会の枠組み、会社のルールの下では、「どう感じているか」よりも「どうすべきか」「どう振る舞うべきか」に重きを置かざるを得ないからです。

　その結果、「内心ではイライラしながら笑顔で対応する」「不安があっても『できます』と答えてしまう」「満員電車で押しつぶされても不快感を出さない」などといった、心と行動のミスマッチが日常的に起きてしまいます。

　この状態を、本書では「心身不一致」と定義します。

　対して、感覚と行動が一致しているのが「心身一致」の状態です。一致する度合いが高まると、感覚と行動のミスマッチがなくなり、いつでもナチュラルでいることができ、生きるのが格段に楽になります。

　ナチュラル・リーダーシップを身につける最初のステップは、あなた自身が、高いレベルで心身一致を実現することです。そのための行動様式が、以下の3つです。

① 　感覚を鍛える
② 　感覚を情報に変える
③ 　センス・オブ・ワンダーを持つ

　それぞれの詳細について、お話ししていきます。

02

行動様式① 感覚を鍛える

本来のサイクル「感覚→感情→思考→行動」を取り戻す

　心身一致の状態を目指すにあたり、まずは起点となる「感覚」を鍛える必要があります。

　本来、生き物である私たちは、最初に感覚があり、その感覚から感情が芽生えます。そして、その感情をベースに思考を働かせ、実際の行動に移します。この一連の流れを矢印で示すと、「感覚→感情→思考→行動」となります（図1参照）。

　しかし実際は、幼い頃から社会に順応すべく日々思考を鍛え、感覚や感情は抑えるよう求められ続けています。そのため、矢印の方向が、本来あるべき姿と真逆になりがちです（図2参照）。

　ナチュラル・リーダーシップでは、感覚を鍛え直し、「感覚→感情→思考→行動」のサイクルを取り戻すことを目指します。

感覚と行動の関係

図1　｜ 感覚 ｜ 感情 ｜ 思考 ｜ 行動 ｜➡

図2 ⬅｜ 感覚 ｜ 感情 ｜ 思考 ｜ 行動 ｜

　人間の感覚といえば、視覚・聴覚・臭覚・味覚・触覚の五感が広く認知されており、それぞれに、目、耳、鼻、舌、皮膚という感覚器があります。外部からの刺激を感知する外部センサーといえるでしょう。ほかに、体の内部を感知するセンサーとして、内受容感覚があります。これらの感覚を鍛えていくのです。

　鍛える方法は、とてもシンプルです。
　各感覚の存在に改めて目を向け、敏感に感じ取ろうと、意識する時間を設ける、それだけです。
　こうすることで、鈍くなっていた感覚が再び稼働を始めます。
　例えば、外に出た時に道端の草花に意識を向け、細かな部分を観察したり、触れてみる、料理をする時に、様々な素材を手に取り、それぞれの手触りや香りを感じてみるのです。

　このように、意識的に感覚を研ぎ澄ませる時間を設けることで、新たな発見を得ることができます。
　いつもは「花がある」としか思っていなかったとしても、意識して見ることで、「固くザラザラしている花びらを持ち、色味がグラデーションになっている花である」などと気づくでしょう。その発見に、ハッとしたり、感動したり、驚いたりなど、何かしら心が動くはずです。
　この積み重ねが、自分の感情をより豊かなものへと変えます。感情が変われば、おのずと思考や行動が変わり、最終的にはステップ1をクリアすることで、人間関係での変化を実感できるようになっていくはずです。
　イメージしていただくために、「感覚の小さな変化」が「意味ある変化」へとつながったケースをご紹介しましょう。

相手や周囲をよく見ずに決めつける

　企画部門で管理職をしている30代女性Bさんは、牧場研修にいらした時、とてもイライラしていました。どうやら職場の50代の男性陣に対して非常に悪い印象を持っているらしく、口を開けば常に、「あのおじさんたち、文句ばかりで、能力もやる気もない。なぜ会社にいるのか、わからないんですよ」と愚痴ばかり。

　そこでBさんには、ほかの参加者と一緒に、複数の馬がいる馬場に入り、「皆で、馬の群れの一員になる」というワークに参加してもらいました。

　参加者間での事前相談も、ワーク中の言葉の使用も禁止。自分なりに考え、感じて、その場にいるほかの人たちと一緒に、馬と群れになってもらうのです。群れの一員になれたと思ったら、その瞬間に手を挙げてもらいます。

「……群れの一員になるって、具体的にどうなればいいの？」

　Bさんは戸惑いながらも、ほかの参加者と馬場に入り、近くにいた黒い馬に一直線に近づき、触ったり、なでたりし始めました。馬もBさんの服を舐め始め、そうして5分程じゃれ合ってから、Bさんは黒い馬を歩かせて、すぐ近くにいた茶色の馬に近づけようとしました。

　ところが、黒い馬が思うように移動してくれません。いろいろ手を尽くすBさんでしたが、黒い馬が動くことはなく、結局、Bさんの手も挙がることはありませんでした。

　ワーク終了後、どのような意図で動いていたのかをBさんに尋ねると、次のように答えました。

「まず黒い馬と仲良くなって、それからほかの馬たちの場所に移動させようとしたんです。でも、動いてくれなくて……」

　続いて、「ほかの参加者は、どのように見えていましたか？」と尋ねたところ、Bさんはハッとするそぶりを見せ、記憶をたどるように、「そう言われれば、馬ばかりを見ていたかも……」と話してくれました。

　ほかの参加者にも、自分の行動や感じたことを振り返ってもらいました。

「私は、まず遠く離れて、全体を見ようと思いました」

「私は、3頭とほかの人たちのちょうど間の位置で、ずっとたたずんでいました。一緒にいて心地よければ、群れの一員になれると思って」

　Bさんとは、まったく異なるアプローチです。

　しかし、Bさんが黒い馬だけを見て行動していたこともあり、2人とも手は挙げませんでした。

　このワークの目的は、人間が持つ2つの視野を同時に働かせることで、「相手や周囲の見え方」を意識することでした。

　人間の視野には、明確に見えている「中心視野」と、ぼんやりと見えている「周辺視野」があります（92ページ図参照）。

　一般的に、人は仕事をしている時など、何かをする際、中心視野のみを使う傾向があります。Bさんは仕事にのめりこむタイプなので、普段から中心視野のみを使いがちのようでした。

　そのため、ワークの際もBさんが対象と定めた「馬ばかり」見て、周りを捉えることができていなかったのです。

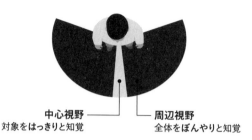

中心視野と周辺視野

中心視野 ── 対象をはっきりと知覚

周辺視野 ── 全体をぼんやりと知覚

　そこでBさんに、あえて焦点をぼかして視界を広く捉えるワーク（204ページ参照）を行ったところ、こうおっしゃいました。

「視野を広く捉えると、見え方や感じ方が結構変わるものですね。さっきの私は視野がとても狭かったように思います。だから、ほかの人の動きを捉えることがまったくできていませんでした」

　Bさんが内省したところで、改めて、同じメンバーで「皆で、馬の群れの一員になる」という先ほどのワークに再チャレンジしてもらいました。
　するとBさんは、あえて全メンバーから一番離れたところへ行き、全体をしばらく眺めた後、顔の向きを頻繁に変えながら、少しずつ皆に近づいていったのです。馬たちの動きも、1回目と大きく変わりました。
　ワーク終了後、Bさんは笑顔で感想を伝えてくれました。

「さっきとはまったく違う景色が見えました。見方を変えただけなのに、違うことが起きて、そのことにとても驚きました」

　研修を終え、会社に戻ったBさんから、後日、自身の変化について報告メールをいただきました。

　牧場研修から戻った翌日、オフィスのドアを開けた瞬間に、フロア全体が「フワッ」と視界に入ってくるように感じたそうです。そして、イライラの元凶だった「あのおじさんたち」こと営業部門の年配男性社員陣を見ても、イライラするどころか「あれ!? みんな、いい顔をしている」と感じたそうです。

「私は誰かに対してイライラすることが多いのですが、おそらく普段から、相手のことをよく見ていなかったんだなと思います。ちょっと嫌なところを見たら、それだけで『この人は〇〇だ』と決めつけ、勝手に妄想して余計にイライラしていたのかもしれません。今後、"無性にイライラする！"みたいな感覚が発動した時は、視野や見方を気をつけようと思いました」

　Bさんの事例は、自分自身がどのような見方をするかで、他者の印象は大きく変わることを示しています。2つの視野を使い、思い込みやイメージにとらわれず、本来の他者の姿に目を向けるよう意識してみてください。

NATURAL LEADERSHIP POINT

感覚を鍛えると、体の内側や外側からやってくる刺激の数が多くなります。例えば、外部センサーである視覚からの情報が増えると、他者への印象が大きく変わります。
普段意識していなかった感覚を意識的に働かせることで、鈍っていた感覚が鋭敏になっていきます。この積み重ねでそれぞれの感覚を磨くと、見え方や感じ方が変わり、他者との関係にも変化が訪れるのです。

03

行動様式② 感覚を情報に変える

正しい情報でよりふさわしい
行動につなげる

　人は感覚を使って外部、内部からたくさんの刺激を受け、反応し、行動しています。

　体の内部の刺激を扱うのが、内受容感覚です。内受容感覚は、呼吸、内側に感じる痛みなどの違和感、体温、心拍、胃腸の動きなどを指します。

　こうした内部からの感覚を捉えたら、いったいどのような意味があるのか、より詳細に読み解いてみましょう。

　自分が感じた感覚の意味を、「情報」として正しく受け取ることができれば、その後にとる行動も最適なものになるでしょう。

　例えば私たちは、「お腹がすいた」と感じ、食事をとります。

　これを「感覚で捉える」→「その感覚を情報に変える」の順番に分解してみましょう。

1　内部の状況を感覚で捉える
「胃の中が空っぽで、内側の細胞表面がぐーっと音を立ててブルブルっと震えるような動きをした気がする」など、自分がどう感じているかを詳細に捉えます。
2　感覚にどんな意味があるのかを読み解き、情報に変える
「空っぽ」「ぐーっ」「ブルブルっと震えるような動き」という胃の感覚を受けて、「空腹」という情報であると読み解きます。

　このように正しく情報を捉えることができれば、「何を食べようかな？」と思考し、料理を始めるなど、しかるべき行動へと移すことができます。

　これが、（内受容）感覚を情報に変えて、思考、行動しているという意味になります。

　ここでは、誰にも共通するわかりやすい例をご紹介しましたが、実際は、背中がゾクッとする、頭の上の方がヒヤッとする、腸がしぼられるような圧迫を感じるなど、内受容感覚の種類はたくさんあり、人によって、それぞれの意味も違います。

　そのひとつひとつを、自分にとっての正しい情報に変換できると、その後の行動を決めやすく、結果としてストレスが減り、生きやすさにつながっていきます。

　自分の内部から発動する感覚を正しく捉えて行動につなげることができると、より高度な心身一致の状態へと近づきます。ナチュラル・リーダーシップを発揮するための「私」の土台が、整い始めていると言えるでしょう。

　それでは、事例を見ていきましょう。

感覚からのメッセージを読み間違える

外資系企業で営業部門の管理職をしているＣさんは、牧場研修を気に入ってくださり、毎月、参加されています。

Ｃさんは、仕事柄、様々な業界、年齢、国籍、性別の方々との会食が多いのですが、ある悩みを抱えていました。会食のたびに途中でお腹が痛くなるというのです。そして、会食終了後、きまって余計な発言をしてしまったような気恥ずかしさが残り、モヤモヤしてしまうのです。

また、Ｃさんが話した後、不自然に会話が途絶えたり、周囲から変な視線を感じたり、同席しているビジネスパートナーの方がＣさんが話している途中で割って入って、話題を変えることもあるとのこと。

一度、勇気を振り絞って、「私の話って何か変ですか？」と、ビジネスパートナーの方に尋ねたそうです。すると、その方は笑いながら、「Ｃさんってなんか話が飛ぶっていうか……、そこが面白いところでもあるんですけど」と答えたそうです。

どうやら、“お腹が痛くなる”という感覚（内受容感覚）に、なんらかの意味がありそうです。本人にその意味をどう解釈しているか尋ねると、「緊張しているのかな？ 会食は楽しめているのですが……」と、はっきりしません。

そこでＣさんには、馬とのワークを通じて内受容感覚を詳細にキャッチし、その意味を読み解くワークをしていただきました。

ワークは、ファシリテーターからの問いを受け、言語化しな

がら進めていきます。

　例えばこんな感じです。

ファシリテーター
「今日モヤモヤしたことはありましたか？」
Cさん
「馬と一緒に歩くワークの時、前回は、私が何をしても馬はまったく動いてくれませんでした。でも、今日は私より先に馬が歩き出しました。なぜ歩き出したのか、全然わかりません」
ファシリテーター
「外から見ていても、Cさんは声を出していませんでしたし、身体も動いていなかったですね」
Cさん
「そうなんですよね」
ファシリテーター
「馬が歩き出した瞬間、あるいは、そのちょっと前、Cさんはどんなことを感じていらっしゃいましたか？」
Cさん
「う〜ん、歩いてほしい！ と思っていましたね」
ファシリテーター
「歩いてほしいの"い！"のところで力が入っているように聞こえました。その時、Cさんの身体の内部、胃腸などは何か変化はありましたか？」
Cさん
「喉がギュっと閉まりましたね。あ、そういえば、馬が歩き出す少し前も胃に力が入るというか、ギュっとする感覚がありました」

Ｃさんの内受容感覚の動きを言語化し、同時に、馬の動きの呼応を確認していきました。

　研修後にも練習を重ねて１年が経過した頃、Ｃさんが嬉しそうに、こんな報告をしてくれました。

「私、会食の時に、なぜ余計なことを言ってしまうのか、やっとわかったんです。"お腹が痛くなる"というサインですが、もう少し具体的に言うと、お腹の上のほうが"ヒヤッ"として、宙に浮いた感覚に襲われるんです。その瞬間、私は舞い上がってしまい、思いつく言葉をそのまま発してしまっていたんです」

　そこで私は、次のように尋ねました。

「そうなのですね。そのお腹の感覚は、Ｃさんにとってどんな意味があったのでしょうか？」

　Ｃさんは、待ってましたとばかりに答えてくださいました。

「どんな時に、この"ヒヤッ"とした感覚に襲われるのか、日々、自分を観察していたら、自分の知らない情報に触れた時に、この感覚が現れることに気がついたんです。

　初めて行く場所でもそうです。先日、洗練された書店に初めて足を踏み入れた時も、ヒヤッとしました。

　会食の場合ですが、皆が自分の知らない話題で盛り上がり始めると、ヒヤッとしていることがわかりました。そして焦ってしまい、話の内容がよくわかっていないのに、私なりに関連したことを話そうとして、余計なことを口走ってしまっていたのです。

　この傾向に気づいてからは、同じ感覚に襲われた時は、『ああ、今は自分の知らない話題が出てきて心が落ち着かないのだな』と受け止め、焦らず、無理に会話に参加するのを止めました。

この効果は抜群でした。終了後に感じるモヤモヤがとても少なくなりました」

　以後Cさんは、自分の感覚をその都度分析し、情報として受け止めることができるようになりました。
　周囲の人たちからも、「Cさん、なんだか落ち着きが出てきたよね」「Cさん、ちょっと空気読めるようになった？」などといった、フィードバックを受ける機会が増えたそうです。

　体の内部からの様々な反応には、「これはこういう意味ですよ」という情報が詰まっているはずです。その情報を正しく捉えることができれば、慌てて不要な行動をとったり、不要な感情を増幅させることが減っていきます。周囲との関係にも、プラスになるでしょう。

NATURAL LEADERSHIP POINT

身体感覚に向き合うことで得られる情報量が圧倒的に増え、とるべき行動が見えてきます。
体の内部が発する感覚を細分化し、その意味を正確に捉えるワークをしましょう。よりふさわしい行動につなげることができます。

04

行動様式③ センス・オブ・ワンダーを持つ

関心を自分から他者に移し、相手に心を寄せる

　ナチュラル・リーダーシップを発揮するために、もう1つ、欠かせない力があります。

　それは、「自分以外の存在を感じられる力」「自然の一部であることを感じられる力」です。

　これを本書では、「センス・オブ・ワンダー」と呼びます。

　センス・オブ・ワンダーという言葉は、ベストセラー『沈黙の春』（英宝社）で環境問題に光を当てた生物学者レイチェル・カーソンの造語です。彼女が死の病の中で執筆した、最後の作品のタイトルでもあります。

　一般的に、人（下の図の「私」）は、生まれてすぐ、「社会」（下の図の一番右）の中に放り込まれます。

　自分はどんな人間で、他者とどのようにつながり、どう信頼関係を築いていくとよいかなどについて学ぶことなく社会に出

センス・オブ・ワンダー

され、「社会の一員」としてふさわしい振る舞いをすることが求められるのです。

　親に対しての態度はこう、先生に対しての態度はこう、友達にはこう、会社では……と、私たちはその時々で社会の常識・道徳に合わせた行動を模索し対応することで、自身の居場所を見つけ、生きています。

　しかし本来は、他者とのつながりや信頼を体感することで「私はこの社会の一員である」と実感するものです。この感覚があってはじめて、同じ社会に生きる他者、ひいては社会そのものに貢献することができるようになるのではないでしょうか。

　では、本来あるべき状態になるには、どうすればよいのでしょうか？　それを示したのが、前ページの図です。この図は、牧場研修で説明する際に使っているものです。

　真の意味で社会の一員になるために、まず、ありのままの「私」で「他の存在（ここでは「馬」と書いています）」と向き合い、関心を自分から他者に移すところから始めます。

「他の存在」に関心が移ると、その存在が生きていくためにどのような「環境」が必要か、ということに関心が広がります（ここでは「牧場」と書いています）。

　その周囲に必ず広がっているのが、「自然」です。

　ここまで周りに関心が広がると、「センス・オブ・ワンダー」がほぼ身についている状態です。

　カーソン博士は、センス・オブ・ワンダーを、「神秘さや不思議さに目を見はる感性」と定義しています。「大人になるとやってくる倦怠と幻滅、自然の力の源泉から遠ざかること、つまらない人工的なものに夢中になることなどへのかわらぬ解毒

剤になる」とも書いています。

私は、カーソン博士の定義を膨らませて、「自分以外の存在を感じられる力」「自然の一部であることを感じられる力」と解釈しています。

この感覚を持つと、他者との「つながり」を感じ、本当の意味で他者を「信頼」することができるようになってきます。

他者を信頼できる人同士が「社会」という大きな塊をつくることができれば、その「社会」は、先に述べた「生まれてすぐに突然放り込まれた今の社会」の有りようとは大きく変わり、人々にとってもっと生きやすい場になるはずです。

逆に言うと、センス・オブ・ワンダーがない状態では、表面上は社会の一員ではあっても、社会の歯車にすぎない「私らしくない私」のまま、社会に貢献することもなく、人生が終わってしまいかねません。

2011年に出版以来、26カ国語に翻訳され、世界中でベストセラーとなった『死ぬ瞬間の5つの後悔』（新潮社）という本があります。

終末医療の介護を長年に務めていたブロニー・ウェア氏が、自身の経験を書いたブログが元となった書籍です。

同書で一番の後悔として挙げられたのが、次の言葉です。

"I wish I'd had the courage to live a life true to myself, not the life others expected of me. "
「他者の期待を生きるのではなく、自分に正直に生きたかった」

この言葉が人々の心を捉え、本書は世界的に話題となったの

です。それほど、現代社会には、他者の期待に応えようと生きる人が多いのかもしれません。

　ナチュラル・リーダーシップは、「自分らしくいながら、全体として調和している」状態を目指していますので、センス・オブ・ワンダーを持ち、自分以外の存在に関心を寄せている状態を体感できることが必須です。

　センス・オブ・ワンダーを取り戻し、ナチュラル・リーダーシップを発揮し、私らしく社会に貢献し、自分の人生を生きていきたいものです。

　ここからは、実際に、センス・オブ・ワンダーを取り戻すワークをされている方の事例をここでご紹介しましょう。

他者に関心を移し、
他者と呼応するリーダーシップ

　リーダーである自分が部屋に入ると、場の空気が重くなったり、部下たちの様子が変化したりする……。そのように感じたことはありませんか?

　心当たりがある方は、無意識のうちに周囲に不要なプレッシャーをかけ、相手を萎縮させている可能性があります。

　牧場研修にいらしたDさんは、感覚が鋭く、頭脳明晰な起業家でしたが、部下との関係がうまくいっておらず悩んでいました。

「部下は指示どおりに動いてくれています。でも、自分の影響力が大きすぎる気がして……。本当は、部下が自ら考えて動く組織をつくりたいのです」

　Dさんには、自我を抑え、相手に関心を移すワークをしていただくことにしました。「馬場の中に、リードでつながれていない裸馬が1頭います。その馬に関心を寄せ、一緒に歩いてきてください」というワークです。

　Dさんは、馬場に入るなり、一気に裸馬との距離を縮め、「さあ行こう」と何度も馬に声をかけました。さらに、馬の顔をのぞき込んだり、手をたたいたり、馬の首を押したりしながらコミュニケーションを図ったのです。

　次に、馬から少し離れて、優しく呼んだり、自ら歩く手本を

見せたりもしました。

　しかし馬は、１歩も動きません。

「馬が無反応で困りました。難しいですね」

　苦笑いしながら、馬場を出てきたＤさん。

　そこで、ほかの参加者の方たちに、フィードバックをしてもらいました。

「Ｄさんは馬場に入るなり、すぐに馬に働きかけていました。最後まで、Ｄさんの動きが止まることはなくて、ちょっとせわしないなと感じました」

「Ｄさんは何をしている時も、馬の顔をずっとガン見していたのですが、あれはプレッシャーかも」

「馬は、終始首を高く上げて、両耳をＤさんに向け、口も閉じていました。緊張していたのではないでしょうか」

「馬に関心を寄せるというテーマだったと思うのですが、Ｄさんは、自分のしたいこと（馬と歩きたい）をするために必死になっているように見えました」

　Ｄさんは、「そうか、僕の自我が前面に出ていたんですね。馬に優しく寄り添って声をかけているつもりだったのですが……。全然ダメですね」とつぶやき、そのまま黙ってしまいました。

　翌日、Ｄさんは「もう１回同じワークをしてもいいですか？試したいことがあります」とおっしゃって、再チャレンジをされました。

Dさんは、馬場に入るなり、馬から一番遠い地点に立ち、じっと観察し始めました。

　ただ見ているだけの時間が5分以上続いた後、馬の動きを真似したのです。馬が右足を少し上げると、Dさんも右足を上げ、馬が首を動かすと、自分も首を動かします。相手の動きに呼応し続けて5分くらい経ったでしょうか。

　馬がDさんのほうに体を向け、首を下げながら、ゆっくりと近づいてきたのです。Dさんが手を伸ばすと、馬は鼻を近づけて、そっと手に触れました。

　一緒に歩くことはできませんでしたが、Dさんはとても明るい表情で馬場から出てきて、こうおっしゃいました。

「今日は、自分からのアクションで相手を動かそうとするのは止めようと決めていました。代わりに、相手をよく観察し、そのうえで相手のアクションに僕が反応を返す、というコミュニケーションに変えてみました。

　反応を返す時は、毎回、僕なりに想いを込めました。馬から近づいてきてくれて、鼻でちょんと挨拶をしてくれた時は、いやあ、なんとも言えない幸せな気持ちになりましたね」

　Dさんは研修の1年後、再び牧場にいらして、ご自身の変化を雄弁に語ってくださいました。

　牧場研修を終えた後、常に部下より一歩下がったところに立ち、部下を丁寧に観察するよう心がけたそうです。

　自分から発することを極力止め、相手から出てきたアクションに反応を返す。それを繰り返した結果、部下たちからの発信がぐっと増えて、関係性も良くなったそうです。

　そんなDさんに、改めて1年前と同じ馬で同じワークに取り

組んでいただきました。

　Dさんは今回も観察に時間をかけ、繊細な動きの呼応で馬と呼吸を合わせています。10分後、馬が最初の1歩を踏み出しました。Dさんはその馬の動きにすっと合わせ、横に寄り添う形で、一緒に馬場を1周しました。

　Dさんが他者と通じ合い、他者の一部になった瞬間、つまり、センス・オブ・ワンダーを発揮された瞬間でした。

　Dさんの事例は、部下をよく観察し、心を寄せることがいかに重要であるかを示しています。

　上に立つ側の人間がこのように変われば、部下は空気が変わったと感じ、徐々に心の安定、安心感を持ち始め、自然体で振る舞い、パフォーマンスを上げることができるようになるのです。

NATURAL LEADERSHIP POINT

自分がいると場の空気が硬直する。そんな自覚のある方は、自我を抑えて、部下に関心を寄せましょう。
部下が力を発揮し始めます。

＊　＊　＊

　さて、ここまで、ナチュラル・リーダーシップのステップ１「個人の内部が変容（Lead Self）」と、３つの行動様式（①感覚を鍛える、②感覚を情報に変える、③センス・オブ・ワンダーを持つ）について、詳しくお伝えしてきました。

　様々な感覚を磨くことから始め、感覚に向き合い情報に変え、最終的にはセンス・オブ・ワンダーを身につける。
　そこで初めて自分自身が内部から変容し、自分自身をリードできる状態（Lead Self）になります。

　この後、ステップ２、ステップ３と続きますが、ステップ１ができていない状態で次の領域に入ることはできません。
　ステップ１がすべての根幹となるからです。
　例えば、後半の方に出てくる「複数でリーダーシップをとる」「英雄的な感覚を持つ」といった価値観を理解はできても、実際の行動に落とし込むのは至難の業で、単なる憧れに終わってしまいます。

　ステップ１でお伝えした感覚を磨くためのワークを巻末に紹介しています。
　これらは１回で終わらせずに繰り返し行い、その時々の感じ方、自分の感覚の変化も感じ取っていくことで、より身についていきます。
　一緒に取り組む仲間がいると、よりよいでしょう。

CHAPTER 4

ナチュラル・リーダーシップ
ステップ2

Lead Relationship
〜二者間の関係性が変容〜

01

私らしく
他者とリスペクトのある
関係を築く

　ステップ2のテーマは、「二者間の関係性が変容（Lead Relationship）」です。他者とリスペクトある関係を築いていきます。

「リスペクトある関係」とは、お互いが、自分の感覚だけでなく、相手に細心の注意を払って相手側の感覚に気づき、尊重できている状態を指します。

　ステップ1で自らの感覚を鍛え、感覚を情報に変えることができるようになり、センス・オブ・ワンダーを身につけたあなたは、他の人が今どのような状態かについても、自ずと気づくことができるようになっています。

　そのうえでステップ2に取り組み、相手を細密に観察することで、「この人は今、言葉では明るく振る舞っているけれど、内心は警戒しているようだ」などと、相手の感情、感覚を感じ取ることができるようになっていきます。

　また、相手が自分に対して同じように細心の注意を払ってくれているかについても、わかるようになります。

　注意を払ってもらえていないと感じた時は、その気持ちを適切なタイミングで率直にフィードバックし、関係を立て直すことも必要です。

相手をリスペクトする――。
自分が望むリスペクトの在り方を相手に伝える――。

　これを繰り返しながら、より良い関係性の形を探り、構築していくのが、ステップ2の目指すところです。

ナチュラル・リーダーシップが身につくステップ2の仕組み

	ステップの内容	行動様式の内容
ステップ2 二者間の関係性が変容 （Lead Relationship）	他者とリスペクトのある関係性を築く	④境界を知り、越える
		⑤「弱さ」を尊重する
		⑥真の危機以外はエネルギーを温存する

　ナチュラル・リーダーシップを身につける2つ目のステップの行動様式は、以下の3つです。

④　（相手の）境界を知り、越える
⑤　（相手の）「弱さ」を尊重する
⑥　真の危機以外はエネルギーを温存する

　それぞれの詳細について、CHAPTER 4ではお話ししていきます。
　行動様式を身につけるためのワークを巻末付録で紹介していますので、ぜひ実践してみてください。

02

行動様式④ 境界を知り、越える

境界はbeing（自分らしさ）と
価値観の表れだと認識する

　誰もが、周囲と自分との間に、いくつもの「境界」を持っています。

　ここでいう「境界」とは、「仲間ならこの範囲にいてもいい」「信頼できる相手ならこのあたりまで来ても大丈夫」「これ以上近づかれるとつらい」といった、距離ごとに区切られる物理的、かつ、心理的な壁のことです。

　特に、快と不快の境目である「パーソナルスペース」は、物理的距離に心理的な意味をかけあわせた言葉として、広く使われています。

　境界を越える、というのは繊細な行為で、越えられる側にとっては心理的影響が少なくありません。いくら親しい友人でも、「パーソナルスペース」を越えてきたら「近すぎる」と感じますし、上司が突然、自分のいくつもの境界を突破して迫ってきたら、圧迫や緊張を感じるでしょう。

　距離だけでなく、境界の越え方（近づき方）も、近づかれる側に影響を及ぼします。

　境界は誰もが持っていますが、境界の数や距離感はそれぞれ違います。自分から5メートル以上離れている相手はまったく気にならない、という人もいれば、20メートル先にいる人でも気になる、と感じる人もいます。

　それぞれに、なぜその距離が不快なのかについての理由があり、その理由を深掘りすることで、その人が大切にしていること、他者について感じていることなど、その人なりの価値観を知ることもできます。

　つまり、次のように表すことができます。

境界＝「being（自分らしさ）」＆「自分の価値観」

　お互いの境界を丁寧に感知し、尊重できているかどうかが、関係性の善し悪しに大きく影響を及ぼすというわけです。

　ここでは、具体的に2つのスキルを身につけていきます。

1　相手の境界（being&価値観）がどこにあるかを感知する力

　この力を身につけ、あなたが周囲の方々の「境界を感知」できるようになると、相手は感知してもらえたことに気づき、あなたに意識を向けるようになります。そして自ずと、あなたの境界に意識を向けてくれるようになるでしょう。

　常に自分に対して気を配り、自分にとって心地よい距離と声で話しかけてくれる人がいたら、自分もその人に対して、同じように、丁寧に話しかけようと思うはずです。

　このような相乗効果を自らつくり出し、他者との関係性を豊かにしていくことができるのが、ナチュラル・リーダーシップの特徴でもあります。

2　相手と関わり合うために境界（being&価値観）を越えていく（関わっていく）勇気とスキル

　この勇気とスキルは、人との関係を生み出すために必須と言っていいでしょう。

ところが昨今、人と自ら関わることが苦手だという方が増えています。「相手の境界を越えるなんて失礼である」という風潮もあってか、このスキルを発揮したがらないリーダーも少なくないようです。

　某大学で授業を行った際、こんなことがありました。
　学生たちに2枚の写真を見せて、それぞれの印象を尋ねたのです。
　1枚目は、馬と向き合って頭を下げている人の写真、2枚目は、馬の前を歩いている人の写真です。
　すると、ほぼ全員が、「1枚目の人は、馬と良い関係を築いているように見える。しかし、2枚目の人はそうでない」と答えたのです。
　相手の1歩前に出て先導するような関係性が、否定的に捉えられている印象を受けました。

　実際、会社組織においても、力強く部下をひっぱるリーダーシップより、部下と併走するリーダーシップが求められる傾向があります。
　若手社員の方にお話を聞いてみても、上司はコーチのような存在であってほしい、という意見を頻繁に耳にします。
　こうした時代の流れを受け、人と自ら関わることを難しく感じるようになり、リーダーも臆するようになってしまったのは想像に難くありません。
　しかしながら、指示を出して部下を引っ張るリーダーシップが時代遅れになってしまったのかというと、そうではありません。勇気を持って関わることで、新たに生まれる関係性もあります。

　例えば、コロナ禍という予測していなかった外部環境の変化の中、強いリーダーシップをとって新しい事業形態に舵を切って生き残った企業は少なくありません。

　緊急時でなくとも、最初の働きかけは必要です。延々と相手の境界の外でたたずんで待っていては、関係は始まりません。

　大切なのは、場に応じたリーダーシップを発揮することです。前に出ることも、伴走することも、どちらも必要なのです。

「相手と関わり合うために境界を越えていく勇気とスキル」を身につけるためのコツがあります。

　第一に、相手に関わる前に、「私は、相手にそれをやってほしいと心から思っているだろうか？」と自らに問いかけ、「やってほしいと思っている」と確信できたら部下に本気で伝えます。この時、怒りやイライラなどの感情は排除しましょう。

　第二に、相手にアプローチをする際は、「重いものを移動させる時には、最初に大きな力が必要である」という物事の道理を心に留めておきます。

　相手が動かなくても、すぐにあきらめてはいけません。アプローチのスタンスを変えて、チャレンジし続けます。相手の反応を見ながら声の強弱やグラデーションを変えるといいでしょう。相手が反応するポイントがあるはずです。

　第三に、アプローチした後、相手に少しでも変化があったら、その変化を受け止め、相手がもっと動きたくなるよう、働きかけのやり方や方向性を変えながら、相手に譲っていきます。

　例えば、問題点を指摘した時、相手がこちらに意識を向けたら、それ以上の追求はやめ、以後は、「ここはどうなっているの？」などと問いかけることで、相手が考え、前進できるように導いてあげてください。

「相手の境界（価値観、being）がどこにあるかを感知する力」「相手と関わり合うために境界を越えていく勇気とスキル」の２つは、日々仕事に追われていると、どんどん弱まり、鈍感になりがちです。弱まってしまうと、気づかないうちに周囲の人に不快感やプレッシャーを与えてしまっていたり、互いの関係を傷つけてしまいかねません。

　もし、この２つを活用してもうまくいかない場合は、ステップ１がおろそかになっている可能性があります。一度、ステップ１に立ち戻り、心身一致の状態に整え直しましょう。

　あなたが変われば、その変化が相手に影響を及ぼし、相手も変わっていきます。

　ここからは、実際に身につけるワークをされた方の事例をご紹介しましょう。

「健康的な議論」を生み出すために距離を保つ

某企業で取締役を務めるEさんは、日頃から口数の多い方でした。会話中に沈黙が起きると、その間を埋めるがごとく真っ先にしゃべるのです。
「自分が発言することで仲間を引っ張る」、典型的なトップダウン型のリーダーといえるでしょう。

そんなEさんには牧場研修の際、「1　相手の境界（being&価値観）がどこにあるかを感知する力」を鍛えてもらいました。
相手（対象）に少しずつ近づきながら、どこが境界なのかを探るという、実にシンプルなワークです。
本来は馬を相手に行うのですが、Eさんにはまず、ほかの参加者の境界を探ってもらうことにしました。

最初は、相手から10メートルほど離れた場所に立って、相手の境界を探りながらゆっくり近づき、境界と思われる場所に辿り着いたら終了です。
このワークは、それなりに時間をかけて行う人が多いのですが、Eさんはまったく違いました。開始の合図を聞くなり、一直線に相手の女性参加者に近づいていったのです。真正面から一定のペースで迫ってくるEさんを見て、パートナー役の女性参加者の目は泳ぎ、指先が小刻みに動き出しました。彼女の変化に気づいたのでしょう。Eさんは一瞬だけ立ち止まったものの、再び足音を立てて相手のほうに近づいていきます。彼女はたまらず、後ずさりをしていました。

終了後、女性参加者にワークの感想を尋ねると、次のような言葉が返ってきました。

「Eさんがどんどん迫ってきて、怖かったです。正面から来られるので圧も感じました。Eさんが私の境界を越えていたかどうかなんて、考える暇もありませんでした」

　これを聞いたEさんは、予想外の感想だったらしく、とても驚いていました。

「僕が近づくの、早かったですか？ そして、怖かったんですね？ 職場でもそうなのかなあ」

　Eさんは境界を探っていただけで、威圧する意図などありませんでした。圧を出している自覚も、歩くスピードが早い自覚もなかったのです。
　それからというもの、相手に細心の注意を払ってワークを続けたところ、人間以上に敏感な馬をパートナーにしても、適切な距離（境界）で止まれるようになりました。「相手の領域に入りすぎない」よう、意識できるようになったのです。

　しばらく経って、Eさんからメールが送られてきました。そこには、職場で起きた変化が記されていました。

「部下と話をする時は、近づく前の段階から気をつけるようになりました。以前は、ミーティングがある時、何も考えずに会議室のドアを開けてズカズカと入っていましたが、今は、丁寧に開けて、部下の表情や姿勢を観察するようにしています。

　ミーティングが始まってからは聞くことに徹して、相手から何かが生まれるのを待つよう、態度を改めました。

　例えば、部下との会話に間ができても、あえて僕はしゃべらないようにします。そうすることで、部下が先に話を切り出すようになり、結果として、部下の話す量がぐんと増えました」

　聞くことに重きを置くことで、Eさんが得るアイデアや情報量が増え、メモをとる時間も長くなったそうです。

　部下との関係が大きく変わり、ミーティングが有意義な場に変容したと、大変喜ばれていました。

　Eさんのように、無意識のうちに部下の境界に入り込み、相手を萎縮させているケースは、実に多く見られます。

　自分は相手の境界を尊重できているか、今一度振り返り、より注意深く相手に意識を向けてください。

　リーダーがそのように振る舞いを変えることで、部下は肯定的な反応を返してくれます。

NATURAL LEADERSHIP POINT

企業が右肩上がりの成長を続けていた時代は、知識と経験豊富なリーダーのトップダウンで、たいていの物事がうまくいっていました。しかし、時代は大きく変わり、現在は部下を含めた全員で検討・協力し、結果を生み出す仕組みが必要です。
未来の予測が難しく、誰も答えを持っていないからです。
相手の領域を感知する力を身につけ、領域の手前で立ち止まり、言葉を待つことで、相手から自発的に動くようになります。

03

行動様式⑤ 「弱さ」を尊重する

多様性を受け入れ活用することで、組織の成長の幅が広がる

「多様性」とはなんでしょうか。ナチュラル・リーダーシップでは、「多様性」を象徴する言葉として、「弱さ」という表現を使っています。

「弱さ」（＝多様性）には、次の３種類があります。

　A：指標化した時に、低い評価になるもの（学歴、年齢、役職、性別、経歴など）
　B：指標化できず、言葉にしづらく、見えにくいもの
　C：目には見えないが、存在しているもの

３つの違いを、事例を使ってご説明しましょう。

　ある中小企業でアルバイトとして長年働いているベテラン女性がいました。

　ある時、彼女は若手社員がストレスを抱えていることを察し、丁寧に声がけを続けました。その結果、その社員は健康を害さず、自らの役割を全うすることができました。女性のサポートは価値ある行動です。しかし、上層部は彼女の貢献に気づかず、評価にも結びつきませんでした。

　多くの企業で、この女性のような方の影響力は、見過ごされてしまっています。これといった役職ではないうえに（A）、周

囲の人からは見えにくい（B）ためです。同じ行動を、マネージャー職の人が行ったらどうでしょう？　多くの人が気づき、「頼りになる」と、高い評価を受けるのではないでしょうか。立場の違いひとつで見えやすさが変わるという意味では、AとBは連動することがあるとも言えます。

　一方、Cは見えないので、スルーされてしまいがちです。

　例えば、大人の発達障がいや、HSP（ハイリー・センシティブ・パーソン／Highly Sensitive Person）という言葉が日本でも浸透してきましたが、このような「弱さ」は、10年前には見えていませんでした。人間には無意識のバイアスや死角が常に存在しますから、今この瞬間も、私たちが見えていない「弱さ」は、いくつも存在しているはずです。

　さて、昨今の企業では多様性を持たせるために「女性を増やす」「学歴にこだわらない」など、Aに注力しがちです。しかし、ナチュラル・リーダーシップでは、A、B、Cのすべてを大切にします。すべての「弱さ」に、意味があるからです。

　先程のベテラン女性の行動に意味を見出し、彼女の行動を評価できたら、同じような行動を率先して行う人が増えるでしょう。組織のチーム力が高まります。

　このように、視点や環境の変化によって、「弱さ」とそれに対峙する「強さ」は、入れ替わることがあります。未来の予測が難しく、誰も答えを持っていない時代では、「弱さ」を排除して「強さ」だけを追い求めるのは、新しい何かを生み出す可能性を失うことにもなりかねません。「強さ」と「弱さ」を区別せず、共に尊重し活かすことが、リーダーには求められるといえるでしょう。

　まずはあなたが率先して、取り組んでみてください。あなた

の周りに、多様な才能が集まり、組織としての成長が加速するはずです。

　私の会社にも、様々なバックボーン、強み、弱み、際立つ個性を持つ方々がいらっしゃり、一緒にお仕事等をさせていただいていますが、各々の個性を活かすことで、会社も、取り組みも豊かになっていきました。私自身もそのような方々から刺激を受け、成長できていると実感しています。

　多様性を尊重する時代の波にうまく乗り、「組織にとって必要な個性として活かす」という視点を持つことで、予測できなかった新しい変化が生まれてくるはずです。

　ここからは、「弱さ」を尊重した方の事例を紹介します。

....　CASE 5　..

ときには不得手に目をつむって、
あるがままを受け入れる

　Gさんは、動物病院の経営者兼院長です。

　この病院には、アルバイト獣医として働いてくれているSさんがいます。彼は、確かな腕を持っており、長い期間、この病院に関わってくれています。

　ある時、Gさんは、Sさんを社員として迎え入れたいと考え、彼に提案しました。

　Sさんも喜んでくれるだろうと思っていましたが、返ってきた反応は予想外のものでした。

「社員にはなりたくありません。プレッシャーになるので……」

　Sさんは、小さな頃から人付き合いが苦手で気分にムラもあり、社員として毎日働くのは責任が重すぎるため、社員にはなれないと言うのです。

　Sさんの話を聞いたGさんは、彼の考えを尊重し、次のような提案をしました。

「出勤も帰宅も自由でいい。気が向いた日に来てくれればいい」

　通常では考えられない特別待遇です。ほかのスタッフから不満が出てもおかしくありません。ところが、スタッフたちも皆、Gさんの提案をすんなりと受け入れ、Sさんが継続して働きに来ることを望んだのです。

　Sさん本人も、この待遇のおかげで引き続き自分のスキルを活かせると喜び、その後も働き続けてくれています。

　ほかのスタッフたちも、Sさんと一緒に働けることを喜び、

院内の雰囲気が明るくなったそうです。

　業務は完璧だけど、コミュニケーションが取りづらい。
　好きな仕事では力を発揮するが、それ以外の仕事が雑だ。
　アイデアは抜群だが、単純なミスを繰り返しがち。
　優秀だが、日によってテンションに差がありすぎる。

　このような極端な凸凹がある部下がいる場合、凸凹を修正するのは難しいことがあります。そんな時は、凸凹ではなく個性としてあるがままを受け止める、という選択肢を考えてみてください。

　強烈な個性を受け入れることで、Gさんの動物病院のように、組織の雰囲気がよくなった事例は数々あります。

　リーダーの立場にある方々が、「個性があるのは素敵じゃないか」「個性を活かすことで、ほかのメンバーや組織全体によい影響が出ることも多い」などといった観点を持つことで、様々な個性を持つメンバーがチームの一員として力を発揮できるのでしょう。

NATURAL LEADERSHIP POINT

できない、指標化しづらい、見えないなど、「弱さ」は多様です。
たくさんの「違い」に気づき、それぞれの中に「意味」を見出していきましょう。
それが、組織の成長につながります。

04

行動様式⑥ 真の危機以外はエネルギーを温存する

逃げることで
真のリーダーシップが発揮できる

　強さを誇示し合う弱肉強食的な社会では、常に自分と他者との比較競争が生じます。

　人には、「相手より自分は劣勢だ」と感じると、「負けるものか」と必要以上に自分を大きく見せたり、強がったりする習性があります。状況によっては、戦いを挑むこともあります。

　しかし、日常的に競争にとらわれる生き方をしていると、疲弊してしまううえに、他者との関係もこじらせてしまいかねません。

　ナチュラル・リーダーシップを身につけると、不要な競争を見抜き、避けることができるようになります。

　周囲にいちいち"過剰に"反応してエネルギーを浪費する生き方から抜け出し、自分のエネルギーを温存できるようになる、ともいえます。

　エネルギーは、「真の危機」に直面した時に使えばいいのです。「真の危機」とは、自分や他者の物理的な生死に関わる事態、自分や他者の精神的破壊をもたらしかねない状況、組織の場合は、組織の存続を揺るがす重大状態などを指します。

　ステップ1で感覚を鍛えることで、何かが起きた時、周囲の状況を敏感に察知し、危機のレベルを見分けることができるよ

うになっています。

「よく考えたらたいした問題ではない」と感じたら、さっと水に流す、を意識して繰り返すことで、だんだん判断が早くなっていき、いつの間にか自然とできるようになります。

　馬は日常的に、この判断をしています。

　馬は感覚が鋭いため、人間が気づかない、または、無視するレベルの音や動きなどにも毎回反応し、注意を向けています。そして、安全だと確認できたら、すぐに水に流し、リラックスした状態に戻ります。

　何かを感じるたびに走り回ったり、延々と緊張状態を保っていたりしたら体が持ちませんし、本当の敵が現れた時に全力疾走できません。

　だからこそ、それほどの危機ではないと判断したら、すぐに警戒を緩めるのです。

　イメージがつきにくいかもしれませんので、事例をご紹介しましょう。

自分たちの領域を守りながら
適切にトラブル回避

　Hさんは、米国系企業のマーケティング部門に転職したばかりです。入社から3日後、業界内では有名なトレードショーで、所属するマーケティング部門が取り仕切っているブースを見学しようと、Hさんは会場に足を運びました。入り口で地図を見ていると、人だかりができていることに気づきました。中心からは、大きな怒鳴り声が聞こえてきます。

　よく見ると、Hさんが探していた自社ブースでした。

　Hさんが困惑して眺めていると、部下が人混みをかき分けてやって来ました。その慌てふためきようだけで、深刻なトラブルだとわかります。

「〇〇部門のTさんがブースに来て、カンカンに怒っているんです！ なんとかしていただけませんか？」

　Tさんはこの日、トレードショーの主催者から個別に依頼され、セミナー講師として別会場で登壇することになっていたそうです。マーケティング部はそのことに一切関わっておらず、会社からもTさんからも、事前に知らされていませんでした。

　一方、Tさんは、会社として受けた仕事なのだから、マーケティング部は自分の登壇を事前に把握しておくべきであり、セミナーに必要なパンフレットもマーケティング部が用意して会場で配っておくべきである、と考えていました。

　ところが、セミナー会場でパンフレットが配られていなかったため、マーケティング部門が取り仕切るブースに怒鳴り込ん

できたのです。

　後日わかったことですが、彼が普段からマーケティング部門に不満を持っていたことも騒動の要因になっていたようでした。

　Ｔさんは、Ｈさんが現場に到着すると、初対面であるにもかかわらず、「お前なんかやめちまえ！」といきなり暴言を投げつけ、準備があるからと、怒り収まらぬ様子でセミナー会場へと戻って行きました。

　Ｈさんは突然のことに驚き、しかもなぜ怒鳴られたのか状況が掴めず、一瞬、呆然としたものの、Ｔさんの後を追って声をかけました。しかし、Ｔさんは振り返りもせず、そのまま行ってしまいました。

　Ｈさんはこの後、ある行動に出ました。米国本社に、今回の件をメールで報告したのです。

「公衆の面前で怒鳴るという行為は、弊社の評判を落とす行為です。また、他部門の方とはいえ、上役で、しかもまだ入社３日目の自分へのリスペクトに著しく欠けている。マーケティング部門を軽んじています。」

　外資系企業は日系企業以上に、パワハラやセクハラに敏感です。トレードショーの会場だけに、目撃者も大勢います。

　後日、Ｔさんは上司の指示で、Ｈさんの元に謝罪に訪れました……。

　あなたはこの出来事を、どのように思われましたか？

「一件落着」と感じられたでしょうか？

　Ｈさんの行動は、会場で激しく口論するよりはマシだったかもしれません。

　しかし、Hさんがナチュラル・リーダーシップを身につけていたら、他の対応をしたに違いありません。

　まず、Hさんは、ヒートアップするTさんに対し、なんらアクションをとることができませんでした。

　部下の立場からすると、上司が「やられるがまま」で、自分たちを守ってくれていない状態に見えます。

　また、「米国本社」という、より上位のパワーを使ってTさんを屈服させることにエネルギーを費やしました。怒鳴られたことに対する怒りを収めることをせず（＝エネルギーを温存せず）、間接的な方法で、Tさんに戦いを挑んだわけです。

　もし、相手が本気でHさんを辞めさせようと企んでいたのなら、真の危機です。しかし現実は、パンフレット問題に相手が感情的な怒りをぶつけてきただけです。それに対して「メールで上層部に言いつけ、謝らせる」というのは、自己満足にすぎません。必要だったのは、怒鳴られたタイミングで自分を落ち着かせ、危機レベルを冷静に感知すること。部下を守りながらその場を去り、相手の怒りを霧散させること。そして後日、部門間の関係性の改善を視野に入れて、Hさんを含む対話の場を設けることでした。

　このプロセスについて、具体的に解説します。

　とるべき行動は、次の5段階です。

トラブルを回避する行動（対面編）

行動1　深呼吸をする
行動2　アタマとオナカのワーク（206ページ参照）を行う
行動3　全体を視界に入れる
行動4　状況を落ち着かせる
行動5　戦いのエネルギーを霧散させる

最初に「行動１　深呼吸をする」、次に「行動２　アタマと
オナカのワークを行い」、感覚に意識を集中させることで落ち
着きを取り戻します。

　続いて「行動３　全体を視界に入れる」を行います。Ｈさん
の事例でいえば、怒鳴られている部下やそれを見ている人など
の様子を見て状況を見極めます。

「行動４　状況を落ち着かせる」を行います。Ｈさんの事例で
いえば、怒鳴られている部下に近寄り、間に入ります。

　そして、「行動５　戦いのエネルギーを霧散させる」を行い
ます。理不尽な態度に反対する意思を表明しつつ、部下の安全
を確保します。

　Ｈさんの事例でいえば、他部門の社員（Ｔさん）に背を向けて、
部下と共にその場を去るという行動になります。こうすること
で、「リーダーとしてメンバーを守る」という意思表示ができ、
実際に守ることもできます。

　また、その場ではＨさんから何も言わないので、Ｔさんを刺
激するリスクも高くなく、相手が冷静さを取り戻して「領域を
侵していた」と気づき、自ら立ち去ってくれる可能性もあります。

　万が一、追いかけてきたとしても、立ち止まらずにその場を
離れましょう。

　現場での衝突を回避したら、お互いが落ち着いた状態で話し
合いの場を持ちます。必要であれば、第三者に仲介に入っても
らいましょう。

　相手をやり込めるためではなく、改善策を講じることにエネ
ルギーを注ぐというわけです。

　黙ってその場を立ち去ることに、不満を覚えた方もいるかも
しれません。「スタッフをかばうというより、ただ逃げただけ

では？」と感じた方もいるでしょう。「（リーダーは）逃げては
いけない。頑張るべきである」という価値観を子どもの頃から
刷り込まれていますから、当然のことです。

　しかし、この価値観は、自然界においてはマイノリティです。
　例えば、被捕食動物である馬は、逃げることで生き延びてき
ました。ケンカもさっぱりしていて、揉めごとが起きても相手
が攻撃をやめたら自分も引く、というスタンスです（外から見
ていると、突然ケンカが終わったように見えます）。

　危険な場所から立ち去ることは、生き延びるための適切な手
段であり、自然なことです。よほどの深刻な危機でなければ、「守
るか逃げる」の二択から考えてみてください。チームや組織など、
自分の領域を守ることができますし、自らのエネルギーも温存
できます。毎回戦いを挑んで疲弊するより、はるかに生き延び
る確率も上がるでしょう。

　Hさんは、目の前の出来事に過剰反応し、感情的に対応して
しまいました。リーダーには、危機のレベルを感知する力、「真
の危機ではない」と判断した際に自分を落ち着つかせる力、周
囲を観察する力、そのうえで、組織にとっての最適な対応をと
る力が求められます。自らのエネルギーの浪費を避けられるだ
けでなく、組織の成長にもつながるからです。

NATURAL LEADERSHIP POINT

感覚を働かせ、「真の危機」を見極めることが、リーダーの
役割。危機でないと判断したら、水に流す、または逃げるな
どして、エネルギーを温存し、リーダーとして対応しなくては
ならない「真の危機」に備えましょう。

　　　　　　　　　＊　＊　＊

　ステップ１では「自分」という一人称に対してのアプローチ
がメインでしたが、ステップ２では「他者」が登場し、難易度
がぐっと上がりました。

　しかし、実のところ、ステップ１で心身一致の状態を高めて
いることで、ステップ２の対応の多くは、自然とできるように
なっています。ステップ２における３つの行動様式を振り返っ
てみても、「相手の境界を感知」「相手の弱さを感知」「真の危
機を感知」と、すべて感覚がベースになっています。

　自分の感覚が開き、また、ブレない自分らしさを持ってさえ
いれば、相手のそれにも気づき、意識が向くようになります。
周囲の状況にも敏感になり、リスクのレベルも敏感に察知する
ことができます。「気がついたら、ステップ２を達成していた」
という境地にたどり着けるでしょう。

　もちろん、すぐにできるようになるわけではありません。

　これまで意識してこなかったことに目を向け、対応していく
わけですから、経験を積んでいく必要があります。

　既にお気づきの方もいらっしゃると思いますが、ナチュラル・
リーダーシップは、ステップ１を高め、ステップ２にチャレン
ジし、再びステップ１を磨き直す。この両者の往復の過程で、
精度を上げていきます。この往復を止めると、せっかく上がっ
た精度が、あっという間に落ちていってしまいます。

　達成できたら終わりではなく、常に行動様式を意識し、うま
くいかなかった時は振り返る、を心がけましょう。

　ステップ１とステップ２を丁寧に行き来することで、必ずナチュ
ラル・リーダーシップが身につき、自分も相手も生きやすくなります。

ナチュラル・リーダーシップ
ステップ3

Lead Relationship with Others
〜組織での関係性が変容〜

01

個人レベルの関係性が変わると、組織そのものが進化する

　ステップ1〜2で、あなたが持っていた本来の感覚を研ぎ澄まし、センス・オブ・ワンダーをまとった「心身一致」の状態になると、部下に対して適切な対応ができるようになります。

　あなたのその変化が引き金となり、部下や周囲との人との関係性も変容します。

　この波がより広範囲へと及ぶと、いよいよステップ3で目指す、「組織の変容」が実現します。個々人が自分らしくありながら、同時に、「組織の一部」として調和している状態です。そこでは皆が、役職や性別、過去の経験やスキル、障がいや苦手分野の有無にかかわらず、リスペクトし合いながら共に働いています。構成員が自主的に動く「ティール組織」（23ページ）へ近づいていく段階とも言えます。

　このような組織では、自分と他者の境があいまいになり、ほかのメンバーがいることで自分も存在できる、自分はこの組織の一部である、といった感覚が芽生えます。その結果、「私はこうしたい」ではなく、「他者のため、組織のために何ができるか」という思考に自然と切り替わっていきます。

　また、メンバー全員がそのような感覚でいると、互いの中から新しいものが生まれ、1＋1が3にも4にもなっていきます。複数の人の力が影響し合うことで、より飛躍的に成長していく。そんな感覚を、肌で感じることができるでしょう。

ナチュラル・リーダーシップが身につくステップ3の仕組み

	ステップの内容	行動様式の内容
ステップ3 組織での関係性が変容 (Lead Relationship with Others)	個々が自分らしく ながら全体と調和し ている 組織のヒエラルキー が固定化しない	⑦他者のルールの中でも 　自分の感覚に忠実
		⑧ゴールよりプロセス
		⑨複数でリーダーシップ 　をとる
		⑩英雄的な感覚を持つ

　CHAPTER 5 では、ステップ3「組織での関係性が変容（Lead Relationship with Others）」について、詳しく見ていきます。
　ステップ3の行動様式は、次の4つです。

⑦　他者のルールの中でも自分の感覚に忠実
⑧　ゴールよりプロセス
⑨　複数でリーダーシップをとる
⑩　英雄的な感覚を持つ

　それぞれの詳細について、これからお話ししていきます。
　なお、ステップ1〜3で紹介してきた行動様式を身につけるプロセスとなるワークを、巻末付録で紹介しています。
　こちらも、ぜひ実践してみてください。

02

行動様式⑦ 他者のルールの中でも自分の感覚に忠実

今、この瞬間の状況を踏まえて 考え、行動する

　私たちは、「他者（過去に生きた人たちを含む）が決めたルール ＝ 他者のルール」の中で生きています。

　法律や法令はもちろん、資本主義のルール、会社ごとのルール、地域や家族の決めごとまで、私たちが意識的、無意識的に従っている大小様々なルールすべてが「他者のルール」です。

　また、明確な決まりごとがなくても、同調圧力（少数派に対し、多数派に合わせるよう、暗黙のうちに強制すること）によって、やむを得ず相手に合わせることも頻繁にあります。

　ナチュラル・リーダーシップでは、他者によってつくられたこれらのルールの中においても、自分の感覚に忠実でいることを目指します。

　既存の決まりごとに必要以上にとらわれず、今、この瞬間に必要な言動を、自分の感覚に従って行うのです。やや難易度が高い行動様式といえるでしょう。

　例えば、東洋のシンドラーと呼ばれ映画にもなった日本人外交官 杉原千畝氏は、第２次世界大戦中、日本政府の司令に背き、6000人を超えるユダヤ人の命を救う「命のビザ」を発給した人物です。

　彼のお話を１つ、ご紹介しましょう。

「1939年9月、ナチス・ドイツとソ連のポーランド侵攻により同国が分割される中、中立国だった隣国のリトアニアへユダヤ人は避難民として逃げ込みました。

しかし、リトアニアもソ連併合が確実となり、彼らにはもはや日本通過ビザを得て、第三国へ再び逃れる道しか残されていません。

1940年7月18日、ユダヤ人難民がビザを求め領事館へ押し寄せます。杉原は本国へ大量のビザ発給を打診しますが、本省からの回答はいずれもビザ発給の拒否でした。彼は悩み苦しんだ末、良心に従い、本国の命に反して独断でビザ発給の道を選択します。それは、人道・博愛精神に基づく「命のビザ」発給と言う大きな決断でした。」

引用：「特定非営利法人杉原千畝命のビザ」*http://www.chiune-sugihara.jp/jp/*

　同調圧力に屈することなく、自分の感覚に忠実に行動したという歴史的な事例です。

「現代とは環境が違いすぎて参考にならない」と思う方もいるかもしれませんが、このお話から感じていただきたいのは、現代以上に厳しい環境下でも自分の感覚に忠実にあることはできるということです。

　日々暮らす中で、いきすぎたルールに追従しすぎていないか、目に見えないルールや大多数の意見に対して、自分の感覚を殺していないか、ぜひ、ご自身に問いかけてみてください。

　無意識かつ見落としがちなので、日常の事例2つに落とし込んで、具体的に見ていきましょう。

会社のルールから逸脱しがちな
部下との共存法

「組織のルール」にとらわれすぎて、他者との関係性をこじら
せてしまった事例です。

　Iさんが勤めている会社は、もともと日本の大企業のグルー
プ会社でしたが、親会社が米国にあるグローバル企業に買収さ
れ、100パーセント外資系の企業に変わって間もない状況でした。
　Iさんは、外資系企業からこの会社に転職してきたのですが、
彼女の所属するマーケティング部のほとんどの社員が"日本の
大企業に就職した"人たち。
　目に見えて、社内の風土ギャップが高い状態でした。

　転職してすぐリーダー職に就いたIさんは、自分のチームに
必要なスキルを持つメンバーの採用を始め、外資系の戦略コン
サルティングファームに勤めていた20代男性のUさんに入社
してもらうことにしました。
　Uさんが入社して1カ月ほどが経った頃のことです。40代の
ベテラン男性社員から、「Uさんの態度、どうにかなりません
かね」と相談されました。

「Uさんの言動に、周りからも文句が出ています。このままだ
とマーケティング部全体のイメージが悪くなって、仕事に差し
障ります」
「具体的に、何を直してほしいのですか?」

「数え切れませんよ。まず、出社時に挨拶をしない。廊下で会っても下を向いたまま、人と目を合わせない。トイレに行く回数が多い。机に足を乗っける。座っている時の姿勢が悪い。それからですね……」

　Iさんはこの話を聞いた瞬間、「え、そんなこと?」と感じました。外資系企業での勤務経験があるIさんにとって、Uさんの言動は、「外資系ではよくあること」だったからです。

　それに、Uさんは非常に優秀で、きちんと結果を出していました。

　そこでIさんはリーダーとして、「業績と直接は関係ない以上、大きな問題ではない」と判断し、Uさんと1 on 1で話す機会こそ持ったものの、やんわりと注意するにとどめ、特にフォローアップもしませんでした。

　ところが、日が経つにつれ、社内でのUさんへの風当たりがどんどん厳しくなり、さらに、「問題社員を放置する上司」として、Iさんに対する評価も下がっていったのです。

　それでもIさんは、自身の判断を変えることなく、介入しませんでした。その結果、部内の雰囲気が誰にとっても居心地の悪い状態となってしまいました。

　どうして、このようなことになってしまったのでしょうか。

　それは、Uさん、Uさんの態度改善を求めてきたベテラン男性社員、組織のまとめ役であるリーダーIさんの全員が、自分が元々いた組織のルールにとらわれていたからです。

　Uさんは「以前の勤務先のルール」をそのまま持ち込んでいました。

　ベテラン男性社員は、「以前の日本企業だった頃から連綿と

続く組織のルール」を絶対視していました。

　Iさんは、「外資系はそんなものだから」「大事なのは業績」と、かつての外資系企業での勤務で学んだルールを疑わず、ベテラン男性社員の声に真摯に向き合うことなく、外資に買収されたばかりの日本企業という特殊な状況に置かれていることも鑑みず、自分のルールのみで判断をしていました。

　リーダーシップをとるべきIさんが、部全体の状況をよく観察し、何が必要か、自分の感覚で判断して行動できなかったことで、部内の雰囲気が悪くなってしまったのです。

　では、どうすればよかったのでしょうか。

　ナチュラル・リーダーシップでは、このような時、リーダーは以下のように考え、行動します。

トラブルを回避する行動（対面編）

行動1　ベテラン男性社員の進言を、上司として「そうなんですね」と受け止める

　　　　⇒ベテラン男性社員ほか、古参スタッフのルールを色眼鏡なく、理解し、受容する

行動2　理解できている範囲で、Uさんの行動の背景をベテラン男性社員に伝える

　　　　⇒Uさんのルールの背景にある価値観を伝える

行動3　これからどうしたらよいか、Uさんも含めて3人で話す機会を設ける

　　　　⇒それぞれのルール、その背景にある価値観を理解したうえで、共存方法を探る

行動4　3人で決めたことを、共に実行する

　つまり、Uさんだけに変容を強いるのではなく、ベテラン男性社員、Iさんの3人それぞれがお互いの状況を理解し、そのうえで自分の価値観を見直し、それを踏まえて、責任を持ってアクションを決めるのです。

　問題視されている人だけでなく、問題提起をしてきた人も含めて、全員の共同責任として受け止め、解決に臨むというわけです。

　それまでにない視点を各自が取り入れることで、新しい思考や行動が生まれ、組織に良い影響を及ぼすでしょう。

　Iさんは、この数年後、ナチュラル・リーダーシップを学ぶ過程で、当時の自らの対応の問題点に気がつかれました。今は、組織内から「このルールはおかしい」という声が上がるたび、受け止め、間を置かずに話し合いの場を設けています。

　このように対処することで、結果として、仲間との関係性がより向上していくことを実感しているそうです。

NATURAL LEADERSHIP POINT

同じ組織のメンバーでも、多数派と少数派、年配層と若年層、日本人と外国人など、立場によって、ルールの捉え方にズレが生まれがちです。その際に、相手に合わせる、または相手を従わせるという一方的なすり合わせに陥らないようにしてください。ルールの違いを受け止め、その相手と共に話し合いましょう。関係性が一歩前進します。

正しく状況を見極め、勇気ある撤退を選ぶ

　CASE 7では、各々が「組織のルール」に追従しすぎてしまった事例をご紹介しましたが、ここでは、「資本主義のルール」に強く影響され、大切なものを見失いそうになった事例をご紹介しましょう。

　以前、とある技術の特許を取得している技術者のJさんが牧場研修を受講されました。

　研修後、間もなくして、国内の大手企業から、Jさんの特許技術を活かした商品開発のオファーが入りました。夢のような話だとJさんは喜び、早速、相手企業の方々に開発した技術を説明する場をセッティングしようとしました。

　ところが、相手企業の担当者から、「こちらも忙しいので、あなたのところまで出張に出向くのは難しい。先にサンプルを送ってもらえませんか?」と言われてしまいました。

　担当者には、「特許技術を組み込んだプロトタイプを早めに作り、得意先に売り込みたい」との狙いがありました。Jさんと段取りを決める前に、得意先と話を進めたいと考えていたのです。

　特許を持つJさんは、蚊帳の外。このことにJさんは戸惑いを感じていました。得意先の掲げる商品化のビジョンが、Jさんのビジョンと一致しないことも引っかかっていました。そこで、タイミングを見計らい、意を決して、「もう少し丁寧に進めてもらいたいのですが……」と、担当者に苦言を呈しました。

　担当者は「わかりました」と答えたものの、その後も行動は

変わりません。関係部署への交渉や調整、予算の確保などを自分の判断で進め、Jさんに対してはいつも事後報告です。

　数週間後、Jさんは改めて担当者に違和感を伝えたところ、今度は逆上されてしまいました。

「今さら、なんでそんな話をするのですか？　そんなに不満があるなら、なぜ最初に言わなかったのですか？」

　Jさんは唖然としました。荒っぽい進め方への不満は、以前にも伝えていたからです。

　しかも数日後には手のひらを返したように、「可能な限り希望通りにしますから、話を進めてもらえませんか？」と言ってきました。Jさんの違和感は高まるばかりでした。

　結局、Jさんは商品開発の話を断りました。

「牧場研修を受講する前だったら、あのまま続けていたかもしれません。商品化で得られる利益を考えたら、自分は我慢すべきである、という思考に陥っていたように思います。ですが、今は、断ってよかったと確信しています」

　後日お会いした際、Jさんは、断った理由を次のように話してくださいました。

「僕と担当者との間に、リスペクトがないことに気づいてしまいました。先方は僕を尊重せず、僕も、あちらの権威を利用したい気持ちが先立っていました。このような関係性のままタッグを組むのは、リスクだと感じました」

　Jさんは、この担当者とやりとりをしている時、胃の奥に、キリキリと痛みを感じたそうです。この痛みの感覚を「危険を知らせる内面からのサイン」と受け取ったことも、オファーを断る判断基準になったとのことでした。

商品化は頓挫しましたが、Ｊさんは気持ちが楽になり、今は他の複数の会社との商談に前向きに取り組んでいるそうです。また、以前断った企業の担当者とも絶縁はせず、いつでも連絡が取れる状態を維持しています。

「今は一時的に距離を取りますが、また何かのきっかけがあれば、近づくことがあってもいいと思っています。次は、お互いに尊重しあった、無理のない関係を築けるかもしれません。そんな、馬のようなスタンスでいたいですね」

　Ｊさんはそのように話してくれました。

　私たちが生きている資本主義のルール下では、どうしても「損得勘定」「利益追求」型の思考にとらわれがちです。Ｉさんの事例は、そのような中でビジネスを展開しながらも、自分の感覚から発せられた警告を活かした判断を下すことができたケースです。自分や自分の組織を守るためには、感覚に忠実に物事を見極め、時には、その場から撤退する勇気を持つことも大切です。

NATURAL LEADERSHIP POINT

社会のルールに飲み込まれて大切なことを見失わないよう、常に、自分の感覚に忠実でいましょう。「おかしい」と感じたら、時には手を引く決断も必要です。

03

行動様式⑧ ゴールよりプロセス

プロセスが適切であれば、ゴールは必ず達成できる

　企業には、「利益をあげる」という避けがたいゴールが設定されていて、毎年、どの程度達成できたかを評価されます。

　個人も組織も、数字で結果が示されるうえ、スピード感も求められますから、多くの人は「ゴールを目指して動く」ことを重視することになります。

　これは、企業活動に限ったことではありません。周囲と比較しては、より良い学校、より良い成績、より良い食べ物、より良い家、より良い車……など、常にゴールを設定しては頑張り、達成したらさらに上のゴールを設定し、追いかける。その繰り返しで日々を過ごしがちです。

　この無限ループから、抜け出せなくなっていると言ってもいいでしょう。

　そうした日々を過ごしていると、ゴールにとらわれすぎるようになり、「他者を蹴落としてでも自分が得る」「他社を蹴落としても自社を守る」という考えに支配されていきます。

　常に周囲と自分を比較し続けることになり、心が満たされず、そこはかとない不安や焦燥感を持ち続けることにもなります。

　そのような状態で毎日を生きることは、不自然です。

　CHAPTER 1で紹介した、捕食動物と被捕食動物の思考と行動様式の対比図（35ページ）を覚えていらっしゃいますか？

自然界は、両方が存在することで、そのバランスを保っています。本来、私たち人間も、このどちらかに偏ることのないようバランスを取る必要があるのですが、資本主義のルールが私たちの捕食動物的な思考を極端に強めていってしまいました。

　その影響で、人間社会だけでなく地球全体のバランスまで崩れてしまっているのです。

　昨今、「SDGs（Sustainable Development Goals／持続可能な開発目標）」が掲げられるようになったのは、人間が、現状の深刻さに気がついたからにほかなりません。

　ナチュラル・リーダーシップでは、ゴールにとらわれすぎる姿勢から脱し、その前段階にあるプロセスに重きを置き直すことで、崩れたバランスを取り戻します。

　この行動を、「ゴールよりプロセス」と表現していますが、これは、「プロセスが適切であれば、ゴールは必ず達成できる」という考え方に基づいています。ゴールを軽視するということではありません。

　例えば、「売上目標達成」というゴールがあるとします。ゴール偏重型の組織では、効率一辺倒となり、社員の心身の状態を無視した働き方をさせたり、不正に走りがちです。また、社員の思考もパターン化し、予測範囲のゴールしか生まれません。そうではなく、社員が自分の感覚を働かせて自由に力を発揮できるよう、個々の個性と自発性を重んじる「環境の設定」が必要です。互いを尊重し合う関係性、誠実さを大切にする風土づくりも必須です。これらはすべて、プロセスを豊かなものにするための取り組みです。結果として、想定していたゴールを越える、新しい何かが生まれる可能性も高まります。

．．．．．．．．．．．．．．．．．．．．．．．．．．．．．．　CASE 9　．．．．．．．．．．．．．．．．．．．．．．．．．．．

プロセスを意識することで、抑えていた感覚を解放

　IT業界のベンチャー企業で最年少役員として活躍するKさんが、牧場研修にいらっしゃいました。

　研修初日、Kさんにどのような課題を持っているか尋ねたところ、次のように話してくれました。

「会社の中にいると、自分が1年後、2年後に何をしているか、見える気がするんですよね。

　マーケティングの技法って基本は同じで、求められるのは効率ばかり。まるで、ゴール達成マシーンみたいです。

　そのせいか、最近、自分が何を美しいと感じるのか、何が自分の感覚なのか、よくわからなくなってきました。

　こんな私は、良いリーダーにはなれません。目標は達成できますが、自分の予測以上のものは生まれないし、新しいものを皆でつくり出すこともないでしょう。自分にとっても、組織にとっても、よくない気がします」

　そのように語られたKさんにはほかの参加者と共に、各自リードを持って、複数の馬と一緒に歩いてもらうワークを行っていただきました。

　Kさんの動きはスムーズで、周囲の状況を観察しつつ、ほかの参加者にも適切な声がけをし、全体をうまく牽引されていたので、次はリードを外した状態で馬を動かすようお願いしました。

すると、さっきはあれだけ自在に馬をコントロールしていたKさんが、まったく動かせません。体を大きく動かして「走れ！」と合図を送っても、どんなに声をかけても、馬は微動だにしませんでした。

　この様子を見て、私は、Kさんには２つの特徴があると感じました。
　１つは、目的の達成意欲が極めて高く、道具の扱いにも優れていること。そして、道具さえあれば、簡単に目的を達成できる方であるということ。
　もう１つは、自分の身体や行動から発する「気」が弱々しく、道具なしでは相手に思いが伝わらないことです。

　さらに興味深かったのは、Kさんがボソッと発した言葉です。ワークを終えた後に感想を伺ったのですが、最後にこう呟いたのです。

「……次はできるようになってから来たいな」

　Kさんの内面が表れたひと言でした。

　Kさんに翌日、この発言について尋ねたところ、「できない自分」を他人に見せるのが、本当に嫌なのだと話してくださいました。そして、ご自身のことを次のように振り返りました。

「自分がいかに『ゴール』にこだわっていたかに気づきました。プロセスを軽んじているわけではないのですが、ゴール達成思考が行きすぎて自分の感覚も閉ざされてしまい、プロセスをプ

ロセスとして見ることができなくなっていました。『道半ばの自分は見せたくない』という気持ちが働いていることにも気がつきました」

　高校時代、芸術が好きで絵を描いていたKさんは、当時もこのような気持ちがあったと言います。

「あの頃は感覚や感性をぶつけながら絵を描いていましたが、そのプロセスは誰にも見せず、できあがった作品だけを見せていました。途中経過は見せるものではないし、見せたくもありません。今の仕事も同じです。
　ただ違うのは、今の仕事は、プロセスにおいて自分の感覚や感性を使う余地がほとんどないことです。だから、いつの間にか感覚が死んでしまって、『結果が大切』という部分だけが私の中に残ったのだと思います」

　ひとしきりご自身のことを振り返った後、Kさんは、こう宣言して、馬場に向かって歩き出しました。

「今日はあえてゴールを忘れてみます。
　プロセスの中で、自分の感覚や感性がどのように動くのかだけにフォーカスしてみたいです」

　前日と同じようにリードを使わず、馬と歩くワークを行ってもらったところ、Kさんの「気」に反応したのか、馬が勢いよく走り始めました。Kさんの中で眠っていた本来の強い感覚や感性が、十数年ぶりに発揮された瞬間でした。

研修後しばらくして、Kさんからメッセージが届きました。
「部下の動きに興味が湧くようになり、自分の働きかけ方も変わったことで、チームの雰囲気も良くなった」という内容でした。
　Kさんは、ゴールをいったん忘れ、部下たちが話している内容や行動を観察したそうです。そうしたら、「今度はあの部下とこんなことをやってみよう」など、どんどんアイデアが湧いてきたため、試しに本人に提案してみたところ、顔をパッと輝かせて、「やりたい！」と言ってくれたといいます。
「ゴールの達成率は前年とたいして変わらない可能性がありますが、質という意味ではずっと良くなっていく気がして、とてもワクワクしています」
　彼はそんな言葉でメッセージを締め括っていました。

　Kさんの事例は、ゴール達成思考が行きすぎると、自分の感覚や感性が閉ざされ、プロセスをプロセスとして見ることができなくなることを示しています。
　このような状態では、Kさん自身はもちろん、チームのメンバーも、ゴールに向かって効率的に作業をするだけになってしまい、感覚をフル回転させて個性を発揮することができません。
　この状態から脱却するために、Kさんはまず、ゴールを脇に置き、自分の感覚を開いて周囲を観察することから始めました。そして、そこから生まれたアイデアをベースに、周囲を巻き込んでいくようにしたのです。
　これこそが、プロセスです。

　プロセスに重きを置くことでKさん1人では予測できなかった、チームあってこその新しい結果が生まれることでしょう。
　ゴールを達成できる日は、間近に迫っていると感じます。

NATURAL LEADERSHIP POINT

ゴールを重視しすぎると、思考がパターン化します。プロセスに没頭し、感覚を開いてください。新しい結果が生まれます。

評価しづらい「プロセス」も
考慮して部下を評価

　ゴール重視の組織が、どのようにプロセスを評価する組織へ
と変容できるのか、その示唆を得るための事例をご紹介しましょ
う。

　Ｌさんは、歴史ある企業の第一線で活躍し、数多くの研究開
発を手がけてきたエンジニアです。30年のキャリアがあり、役
職定年を迎えてからも、社内で尊敬されるポジションにあり続
けています。

　そんなＬさんの部門に、新人のＷさんが配属されました。や
る気があり、専門領域外にも意欲的に取り組み、チャレンジし
続けるＷさんに、チームの皆も期待を寄せました。

　Ｗさんが配属されてから１年が経過し、人事評価の季節が
やって来ました。

　Ｌさんが、人事部が用意した項目に沿ってＷさんを評価した
ところ、結果は、「可もなく不可もない」となりました。この
時のＷさんは、新技術の開発や既存技術の新しい利用方法の発
見といった、業績に直結する成果までは、生み出せていなかっ
たからです。

　数日後、人事評価の結果を見たＷさんが、憤慨した様子でＬ
さんのもとにやってきました。

「セールス部門は、知識や経験がなくても、売上次第で成果が認められますよね？

　でも、ここは技術部門です！ どうやって結果を測ったのでしょう？ 私は必要な知識やスキルを身につけようと積極的に動いて、研修も受けました。部全体のレベルをアップするために各々の情報を共有する、という新しい取り組みも始めました。こうした努力は評価されないのですか？

　歳を重ねないと評価されない、ということでしょうか？」

　Ｌさんは、目に涙を浮かべながら必死に直談判するＷさんに戸惑いながらも、慌ててなだめました。

「いやあ、Ｗさんが頑張っているのは知っているよ。でも、よほどの新発見などのわかりやすい結果がないと、評価は皆、こんなものなんだよ。年功序列と言われると身も蓋もないけどね」

　しかし、ＷさんはＬさんを直視したまま、何の言葉も発しません。Ｗさんの視線での抗議に負け、Ｌさんはこう言い足しました。

「わかった。僕たちは古いのかもしれないな。ちょっと考えてみる」

　Ｌさんはこの後、人事部と掛け合い、プロセスの評価基準の設定について会社として検討してほしいと提案しました。

　さらに、Ｗさんが頑張っていると感じるポイントを改めて観察し、言語化して、人事部に提出したのです。

「学習意欲：新たな知識を積極的に学び、会得した」
「チームへの貢献：チームとして成長するための取り組みをしている」
「アサーティブネス：相手を尊重しながら主張することができている」
　　　　　　　　　　　　　　　　　　　　　　　　　　　　など。

　Ｌさんのこの提案は、人事部に受け入れられ、社長まで話が届き、会社として取り組むことになりました。
「Ｌさん自身が、今まさに、学習意欲・チームへの貢献・アサーティブネス、そのすべてで頑張ってくださっています。ありがとうございます」というメッセージが社長から直々に届いたそうです。
　また、Ｌさんのこの行動に、Ｗさんはとても感激し、満面の笑みで、「Ｌさんに一生ついて行きます！」と言ったそうです。
　ＬさんもＷさんに、「君から学ばせてもらいました。うちの会社はまだまだ伸びていくことができる、という確信を持つこともできました」と伝えたそうです。
　ＷさんとＬさんの行動によって生まれた新評価手法は、同僚にもとても良い刺激を与えました。これまでは、我先に目に見える成果を出そうと、各々が個人プレーで競争しがちでしたが、以後、ベテランの研究者が海外メンバーと共同のオンライン勉強会を開催するなど、互いに関わり成長し合う姿が見られるようになったのです。
　また、若手のＷさんが感情をぶつけてでも自分の思いを伝え、それをＬさんが受け止めたこと、会社の仕組みまで変わったという事実が、「感じたことは発言していい」「どんな発言もいったん受け止める」という新しい風土を生み出したそうです。Ｌさんは、「社内の風通しが良くなったように思います」とおっ

しゃっていました。

　プロセスが大切にされる組織では、皆の士気が確実にアップしていくことがおわかりいただけたのではないでしょうか。

　このLさんの行動は、以下のナチュラル・リーダーシップを発揮していました。

「他者からのフィードバックを、心を開いて受け止め、自分の行動を変えていく」

「フィードバックを受け止める→行動を変える」という流れは、ナチュラル・リーダーシップにおいて必須となる姿勢です。詳細は、CHAPTER 6で触れていきます。

NATURAL LEADERSHIP POINT

結果達成に重きを置いて、プロセスを軽視してしまうと、人材育成は行き詰まります。部下の成長など、見えづらい過程も評価基準に入れましょう。プロセス重視の仕組みは、社員の成長、社員同士の関係向上にも波及します。

04

行動様式⑨ 複数でリーダーシップをとる

全体が常に
最適の状態でいることを目指す

　ナチュラル・リーダーシップは、自然から学ぶことに重きを置いています。

　個として生き延びるだけでなく、自然の中の一部として生き延びる、という価値観を大切にし、それに沿った言動を行うことでリーダーシップを発揮し、自分も周り（全体）も成長させていきます。

　先程もお話ししましたが、自然界では、全体で生き延びるために、その都度、それぞれが適したリーダーシップを発揮し、協力し合っています。

　例えば、馬の群れがライオンに襲われたとしましょう。先頭を走って、安全な方向を示す個体もいれば、群れのしんがりを走って、ライオンから群れを守る個体もいます。

　平常時でも、水のありかをリードする個体がいれば、危機をいち早く察知してリードする個体もいます。

　こうすることで、全体が常に最適の状態でいることができ、生き延びていくことができるのです。

　人間の世界では、リーダー職に就いている人間がすべてのシーンで先導する形でのリーダーシップを発揮しなくてはいけ

ないように考えられ、実際、そうなっている企業、組織は少なくありませんが、誰しも得手不得手があるものです。

さらに、昇進すればするほど、自分の専門領域外の部門も統括する必要に迫られます。

そのため、部下の報告が正しいのかが判断しづらかったり、ミーティング中の部下の発言が理解できず、戸惑うことも増えてきます。

「『知識がないリーダー』と、部下に馬鹿にされてしまうのではないか？」

そんな不安を抱えるリーダーのお話を聞くこともあります。

実は、このような状態に陥るリーダーには、共通した思い込みがあります。

「自分のほうが経験豊富で、能力も上のはずである」

「リーダーとして、すべてわかっているべきである」

などという、強烈な自負とも言える思い込みです。

しかし、時代の変化が激しい中、すべてのジャンルの動きを把握するのは、誰にとっても不可能です。

わからないことはわからない。そのことを受け止めるのも、ナチュラル・リーダーシップの在り方です。

近年、注目を集め続けている、ホラクラシー組織*やティール組織と呼ばれる、自律分散型の組織が目指している存りようと、非常に親和性が高いといえます。

複数の個性が、それぞれの得意分野でリーダーシップを発揮する企業の事例を見ていきましょう。

---

*ホラクラシー組織（Holacracy 組織）……社内に役職や階級などがないフラットな組織形態のこと。

「部下に助けを求める勇気」が
職場と部下を変える

　会社を経営するMさんは、部下をグイグイと引っ張るタイプ
のリーダーでした。いわゆるカリスマ経営者です。

　そんなMさんが、社員の方々と一緒に牧場研修を受講された
時のことです。

　1人ずつ、馬のリードを握って囲いの中を1周するワークを
行いました。社員の方々は皆、馬と一緒に気持ちよさそうに囲
いの中を歩きます。

　ところが、Mさんがリードを握ったとたん、馬がまったく動
かなくなってしまいました。

　Mさんが声をかけても、先に歩き出しても、馬はチラリとM
さんを見るくらいで、ずっと同じ姿勢のまま動きません。力任
せに引っ張ってみるも馬の力にはかなわず、引っ張り返されて
しまいました。

「あれ、動かないなあ」

　Mさんは笑ってごまかしますが、心中穏やかではありません。
部下たちが苦もなくできたことが、自分だけできないのですか
ら、ちょっとしたパニック状態です。

　ついにはその場に座り込み、馬に頭を下げて、祈りを捧げる
ようなポーズをとりました。

　すると、馬がMさんの方に首を向け、すっと近寄ってきました。

　微動だにしなかった馬が自ら歩み寄ってきたことに、Mさん

は大きく心を動かされたようです。ワーク終了後、お話を伺うと、Mさんは頭を下げながら「私にはできない。だから助けてほしい」と心から馬に祈ったそうです。そうしたら、祈りが通じたかのように、馬が自分のところへ来てくれたのだと教えてくださいました。そして、照れくさそうに、つぶやきました。

「研修のおかげで、他者にはできても自分にはできないことがあると、思い知らされました。心から強く願った時に助けてもらえる、という体験もしました。誰かに助けてもらうなんて、しばらくなかったな……」

　この体験を経て、Mさんは仕事の仕方を大きく変えたそうです。会社の方針を語る全社員向け会議の場で、あえてご自身の弱みについて語り、最後に、「君たちに助けてほしい」と語りかけたのです。
　Mさんが変化したことで、部下たちにも変化が起きました。社長に助けを求められたことで、皆が、自分には何ができるか考え、自主的に動くようになったのです。

　例えば、部下のいないマネジャーのRさんは、Mさんの話を聞いて、「もし自分が社長だったら、今の環境で何をするだろうか？」という視点で動き始めました。
　Rさんは、新規分野の開拓営業に長けていましたが、周囲からは、「Rさんだからこそできること」という印象を持たれていました。当のRさんもそのように感じ、いつも1人で動いていたそうです。
　しかし、Mさんの発言を受け、Rさんは視座を上げ、言動を変えました。自らの視点を社内で発信し、「興味がある人は、

私と一緒にクライアント先に行きませんか？」と誘ったのです。

　すると、入社間もない若手社員たちが喜んで手を上げました。彼らは、Rさんに同行する機会を得たことで、成長のスピードを加速させました。

　この動きにいち早く気がついたのが、Mさんです。役員会で、「今、社員の中でマネジメント視点を持って動けているのって、Rさんだよね」と、その活躍に触れたそうです。

　これはとても素敵、かつ重要な視点です。社長であるMさんが、"Rさんは自分を補完するリーダーである"と認知したことを意味するからです。

　Rさんはその後、正式にマネージャーに昇進し、今では10人の部下を持つリーダーとして活躍しています。また、Rさんが変わっていったことで、会社全体が、役職にかかわらず互いに学び合い助け合う風土へと変化していっているそうです。

　複数でリーダーシップをとりながら組織を運営する際のポイントをまとめると、次の3つの状態を組織のトップを含む全員が目指すことです。

**複数でリーダーシップをとりながら組織を運営する
3つのポイント**

1　リーダーは1人、かつ、カリスマであるという思い込みを
　　捨てる
2　各々が、自律的にリーダーシップをとる
3　誰がどんなリーダーシップをとっているかに気づき、協力
　　し合う

「部下は、トップダウンで指示する相手ではなく、自分と共に
リーダーシップを発揮する存在なのだ」

　トップがそのように認識できると、組織の中から個性豊かな
リーダーが複数現れ、のびのびと育っていきます。

　まずはリーダーから率先して実践していきましょう。

NATURAL LEADERSHIP POINT

ポジションが上がると、不得意分野の統括も任せられます。
そんな時こそ、部下を信頼し、頼ってください。組織全体が
自走し始めます。

特定の人に頼らず、
チーム全員が当事者意識を持つ

　非常に優秀な若手社員Nさんは、複数の上司や先輩から仕事を任され、昼夜関係なく働いていました。

　同期入社のメンバーと比較しても明らかに仕事量が多いのですが、Nさんは「自分の能力と頑張りが認められている」と誇りに思い、つらい時も顔に出しませんでした。

　しかし数年後、Nさんは過労で倒れ、休職してしまいます。

　半年後、痩せこけたNさんが復職した時、上司のQさんは全スタッフを集めました。

「体調が万全になるまで、Nさんの仕事量は少なめでいこう。その分は引き続き、ほかのメンバーでカバーできるかな？」

　この問いかけに、同僚たちは快く同意してくれました。

　ところが、この状態は長く続きませんでした。だんだんと同僚たちの間に、「いつまでNさんの仕事を肩代わりしなければいけないのか」という不満が高まっていったのです。同僚たちの不満は、プレッシャーというかたちでNさんを追い詰めました。

　また、Nさん自身もたくさんの仕事を任されることを誇りに感じていたタイプだったため、自分の仕事量が少なくなったことが受け入れがたく、「自分は必要とされていないのでは」とネガティブに受け取り、焦りを感じるようになりました。

　結局、Nさんは体調が万全になる前に、再び大量の仕事を引

き受けるようになってしまったそうです。

　いったいなぜ、こんなことになってしまったのでしょうか。

　それは、Nさんが復職した際の対応に原因がありました。

　話し合いのテーマを「頑張りすぎる人を救う場」としたことで、Nさんに「頑張りすぎてしまう人」「仕事量を調整できない人」「メンタルを壊した人」というレッテルを貼り、しかも、そのことが問題の根っこである、つまり、「Nさん＝問題」としてしまったからです。

　しかし、この問題の本質は、Nさん自身にではなく、別のところにあります。

　Nさんが倒れた際、上司であるQさんが最初にすべきだったのは、当事者として問題を考えることでした。

　まず、「Nさんが倒れるまでの間、職場で何が起こっていたのか？」という問いを立てます。

　例えば、次のようなことです。

「なぜ、皆がNさんにばかり、仕事を振っていたのか？」

「Nさんの状態に気づくには、どうしたらよかったか？」

「もし気づいていたとしたら、どう行動をしたか？」

「もし、時間を数年前に戻せるとしたら、自分はどんな行動をするか？」

　そして、立てた問いひとつひとつに自分ごととして向き合います。この時、主語に「私」を置いて考えることがポイントです。

　例えば、「なぜ、Nさんにばかり仕事を振っていたのか？」に対して、「"私"が安心できるから」「"私"にとってお願いしやすい相手だった」などと、私がどうだったか考えます。問題の本質が見えてくるはずです。

　CHAPTER2でご紹介した「困難な対話」のT字分析フレー

ム（80ページ）を使って分析したり、プロのコーチの力を借りてもいいでしょう。

どのアプローチであっても、問いに答えていく中で、「自分1人では手に負えない。チーム全体の助けが必要だ」ということに気づくはずです。

次にQさんがすべきことは、立てた問いと答えをチームに共有し、チームメンバーと一緒に、問題を自分ごととしてとらえると共に、内省するためのミーティングを開催することです。

このミーティングには、2つの目的があります。

1つは、全員が「もし自分がリーダーだったらどうするか？」という視点を持つことです。特定の人の責任を追及することが目的ではありません。

もう1つは、全員で事実を確認し、問いを立てながら問題の本質をあぶり出し、今後、Nさんのような思いをする人を出さないために何をすればよいか、というアクションを洗い出すことです。

ミーティングの際は、各人、そして、チームとしての内省も深めるため、心理的安全性の確保が必要です。リーダーにも当事者として参加してもらいたいので、外部からファシリテーションをする役割の人を用意するといいでしょう。

さらに、Nさん復帰後の対応を予め考えておくことも大切です。精神的な疾患に陥った方への対応は、専門的な力も必要です。産業医の方など、専門家から適宜アドバイスを受けましょう。

そのうえで、Nさんにレッテルを貼らないよう気をつけます。「頑張りすぎる人」「痩せこけて可哀想な人」「仕事を任せると

また倒れるかもしれない」といった先入観は、脇に置きます。

　ミーティング等を経て、チームはすでに各々がリーダーシップを発揮する状態に向かっているはずです。そのチームワークの中にNさんを迎え入れ、“チームの一員”というよりも、“私たちの一部”として、自然な形でフォローができる状態を目指しましょう。

　そうすることで、Nさんの顔色が明らかに悪い時は「顔色が悪い！ 無理は禁物。無理されると私も困る」などと、はっきり言えるようになります。Nさんも、「必要とされていない」「サボリと思われているのではないか」など、あれこれ推測して気疲れすることがなくなり、気持ちが楽になり、自身の状況を無視した無理な働き方をしなくてすみます。

　Nさんのような状態のメンバーが出るということは、組織という生命体が機能不全を起こしていることを意味します。“私たちの一部”に不調が起きていると捉え、対策をとりましょう。組織の成長度合いが高まります。

NATURAL LEADERSHIP POINT

特定の人に仕事や責任が偏ることで、ヒエラルキーが固定化してしまいます。頑張っている人に頼る癖がつくと、組織の成長が止まります。
一部のスタッフに頼らず、チーム全員が当事者意識を持って、各々にリーダーシップを発揮する組織づくりを意識しましょう。

05

行動様式⑩ 英雄的な感覚を持つ

他者のために自分を捧げる覚悟

　ナチュラル・リーダーシップの仕上げとも言うべき最後の行動様式は、「英雄的な感覚を持つ」です。

「英雄」という言葉を聞くと、才知・武勇にすぐれ、常人にできないことを成し遂げた人物をイメージして、「自分は英雄ではないから」と他人ごとに感じるかもしれません。

　しかし、そんなことはありません。

　ここでいう「英雄的な感覚」とは、他者の命が困難な状態にあるとき、自分の命のことなど考える間もなく、衝動的に手を差し伸べてしまう感覚のことです。

　よく、感情的なヒロイズム（英雄主義）と共に、「チームメンバーは絶対守る」と口にされるリーダーがいらっしゃいます。口にはしなくとも、そう考え、務めているリーダーの方は少なくないでしょう。

　ではなぜ、「メンバーは」と限定するのでしょうか？ メンバーを守るのがリーダーの役割、という意味でしょうか。

　しかし、いざという時に、「そういう役割だから」という理由で「身を徹して守る」のは相当難しいものがあります。

　ナチュラル・リーダーシップの行動様式が身についてくると、感覚が研ぎ澄まされ、他者の存在を感覚的に感じることができ

るようになり、「私は他者の一部である」という気持ちが芽生えます。

そして、他者を守ることと自分を守ることが同義となり、「自分だけ生き延びる」のではなく、「他者と共に生き延びる」という価値観が生まれます。ここまでくると、英雄的な感覚（以下、英雄的感覚）、つまり、自分のすべてを全体のために捧げるという覚悟が、自分の内側から自然に発生します。

先程の話に戻ると、英雄的感覚のある人は、リーダーの役割だから守る・助けるのではなく、内側から湧いてくる感覚の衝動として守り・助けるというわけです。感覚の衝動で動くわけですから、対象はメンバーに限りません。

英雄的感覚を持っている人のそばには、その匂いをかぎつけて多くの人が集まり、逆にその人を助けてくれるという状態が起きます。

なぜなら、人間は、覚悟のある人に感化され、その人の英雄的感覚を自分の中に取り込む傾向があります。覚悟を決めた人につき、自分も覚悟を決めて共に働くという行動は、とても気持ちのよいものです。互いの信頼度が加速度的に高まりますし、心理的・物理的安全性を感じることができます。

英雄的感覚に、周囲の人々が自然と巻き込まれていく所以です。

具体的な事例を見ていきましょう。

どれだけ人を巻き込むことができるかは、リーダーの「覚悟」次第

　社員100名程度のベンチャー企業で働いているＯさんは、COOの勅命で、新たに立ち上がった「社風改善プロジェクト」のリーダーに任命されました。Ｏさんのほか、各部門から１人ずつ選出され、計７名のチームです。

　Ｏさんは早速、キックオフミーティングを企画しました。

　ところが、ミーティングにやって来たのはたったの２人。参加を任意としていたために、他のメンバーは欠席したのです。

「せめて、欠席するなら事前に連絡をくれればいいのに……」

　Ｏさんは肩を落としました。

　しかも上司から、自分に人望がないからほかのメンバーが来なかったかのような言われ方をし、気分は落ち込む一方です。

　Ｏさんはなぜ、キックオフの場に全員を集めることができなかったのでしょうか？

　ここで簡単に、Ｏさんの背景を説明しましょう。Ｏさんは、入社してすぐ、COOの懐刀として重用され、あれよあれよと言う間に出世しました。そんなＯさんに嫉妬して、「Ｏさんは COOの太鼓持ちだから」などと陰口を叩く人もいました。Ｏさんはそのことに薄々気づいていました。

　そんな中、初めて "COOの黒子" というポジションを脱し、表舞台に立つリーダーに抜擢されたわけです。

　リーダーに抜擢されて嬉しい反面、Ｏさんは、周囲の目が気になって仕方ありませんでした。「"COOが上から操っている

に違いない"と思われているのでは？」という不安が拭えなかったのです。

表に立つのは初めてなので、戸惑いもありました。大事なプロジェクトのキックオフにもかかわらず、ミーティングの参加を任意に設定したのも、戸惑いの表れでした。

リーダーが、このような不安や戸惑いを抱えたまま声がけをしても、メンバーを惹きつけることはできません。これが、キックオフに2人しか参加してくれなかった所以です。

このような事態を避けるためには、リーダーを任された時点で自分の胸に手を当て、「私にはこのミッションを成し遂げる覚悟があるか？」と問いかける必要があります。

仕事の意義がわからなかったり、モヤモヤしたり、雲行きが怪しく感じた時は、確かな覚悟が生まれるまで、上司や信頼できる仲間の力を借りるのもいいでしょう。

さてOさんは、スタートこそつまずいてしまいましたが、来てくれた2人とじっくり話し、立て直しを図りました。

具体的には、2人に対し、わざわざ時間をとって来てくれて嬉しかったことを伝え、他のメンバーがなぜ来なかったのか、意見を聞いたそうです。

すると案の定、「ほかのメンバーは、このプロジェクトの真のリーダーはCOOだから、COOが出席するなら行くが、そうでないなら行く必要はないと判断したのではないか」との意見でした。

逆に、なぜ2人が来てくれたのかを聞くと、
「僕らはOさんと席が近くなので、Oさんがいつも、あの気難しいCOOの下で無理難題にも思える仕事を引き受けて、本気

で取り組んでいらっしゃる姿を見ています。プロジェクトの内容はまだよくわかっていませんが、Oさんがやるプロジェクトなら応援したいと思ったんです。僕らのできることはやります」
　と言ってくれました。

「どんな仕事にも本気で取り組む」Oさんの姿勢に覚悟を感じ、そんなOさんの存りように惹きつけられた2人が「キックオフに足を運ぶ」という形で巻き込まれていったのです。
　この2人の反応に、Oさんはハッとしました。
　Oさんは元々、英雄的感覚を持つ社員ではありませんでした。しかし、COOが組織のため、組織が目指すビジョンのために覚悟を決めて動く人だったので、そのCOOのそばにいたことで、Oさんにも、覚悟を決めて全体のために尽くす感覚が伝播したのでしょう。
　Oさんは、2人の言葉を聞いて、初めてそのことに気づきました。そして、かつてCOOの下で働いていた時の気持ちを思い返し、本気で仕事に向き合う自分を取り戻しました。

　以後、Oさんは、リーダーとしてプロジェクトチームを盛り上げるべく、2人を中心にチームの輪を広げ、全社員を巻き込むプロジェクトに成長させ、最後までやり遂げたそうです。
　最初に参加してくれた2人も、ほかのメンバーも頑張ってくれたおかげで、プロジェクトの評価はとても高く、プロジェクトを外部から支援していたコンサルティングファームの方からも、「稀に見る良いプロジェクトでした」と言われるほどでした。
　最初は自信がなく、心身一致の振る舞いができなかったOさんでしたが、彼が持つ英雄的感覚が身近にいた人たちを巻き込み、その人たちがOさんを助けてくれました。プロジェクト成

功の根幹には、OさんがCOOから受け取った英雄的感覚があったといえるでしょう。

　このように、英雄的感覚を持って仕事に取り組む人は、周囲を惹きつけます。

　その人の「嘘のない、覚悟がある」言動に、安心・安定を感じるからです。自然と、同じ志の持ち主も集まってきます。

　ほかの部署や社外の人も、興味を持って協力してくれるケースが増えてくるでしょう。1人の覚悟は周囲の人へ伝わり、覚悟の輪も広がっていきます。

　権力を振りかざさなくても、内側から湧き上がる英雄的感覚で、他者をリードすることができるのです。

NATURAL LEADERSHIP POINT

英雄的感覚を持つリーダーは、自らの覚悟に嘘がありません。そのようなリーダーには、真の意味で、周囲が巻き込まれていきます。

「コミットメント」ではなく「覚悟」を示す

　Xさんは、グローバル企業に勤める財務のエキスパートとして、日本の人事、総務、財務を統括する管理部門のトップに任命されていました。

　Xさんは就任以降、部門の全員と1on1ミーティングを行い、それぞれの個性の把握に努めました。各担当の業務内容をしっかり定義し、「1年後、2年後、3年後にどんな組織になっているか」というビジョンも提示しました。

　スタッフは、自分のやるべきこととやりたいことの重なりを理解しながら働くことができ、生産性は著しく改善しました。

　そんな順風満帆なXさんでしたが、「この先どうしていけばいいのか。自分に足りないものがあるような気がするが、それがよくわからない」といった悩みを抱えていました。そこで、一度立ち止まって自分と向き合うために、牧場研修を受講されたのです。

　Xさんには、馬を引き連れて、複数の障害物を越えながら、ゴールを目指す、というワークに取り組んでいただきました。成功するたび、引き連れる馬の数を増やしていきます。

　最初に馬1頭を引いて歩いてもらったところ、Xさんは易々とゴールにたどり着きました。馬を2頭に増やした時は、途中で脇道に逸れそうになりましたが、うまく立て直してゴールしました。

　一見すると、何事もなく終わったようでした。しかし、よくよく観察すると、Xさんはゴールはしたものの、1頭のときも

2頭のときも、馬はゴールラインを越えていませんでした。

　ワーク終了後、ファシリテーターがそのことをフィードバックすると、Xさんはハッとされました。馬の脚に目を向けていなかったことに、指摘を受けて初めて気づいたのです。

　Xさんは、このワークを振り返りながら、深い内省を始めました。

「そういえば、職場でも自分の目標達成ばかり意識して、スタッフの目標達成には無頓着でした」

　続けて、最近の上司とのやりとりにも思いを馳せ、とつとつと言葉をつなぎます。

　Xさんは研修直前、上司から「リーダーとしての資質に欠ける」と告げられていました。

「理論的に達成不可能な目標を言い渡された時、すぐに『できません』と言い返したことで、評価が下がってしまったと考えていたけれど、今、改めて振り返ってみると、上司は無理を承知で、目標を言い渡したのかもしれない。

　目標を達成できるかどうかよりも、私がリーダーとしてどのように対応し、行動するのかを見たかったのかもしれませんね──」

　上司のそのような真意に気づいていれば、Xさんの行動も変わっていたはずです。

　しかし実際のXさんは、上司の言葉を聞いて、「理論上達成可能か」という判断軸だけで考え、返答をしてしまったというのです。

「僕は自分で物事を定義して、目標を定め、実現するのは得意です。でも、周囲の反応に無頓着でした。部下だけでなく、上司のことも見ていなかった気がします……」

　ひとしきり内省した後、Xさんは牧場研修で、他者の感じていることや言動に注意を向けるワークに取り組みました。
　また、「感覚を使う」ということに意識を向け、残りの日々を過ごされていました。

　1年後、再び牧場研修に訪れたXさんから、こんな言葉を聞くことができました。
「以前の僕は、自分の仕事にはコミットメントはするけれども、その先にある会社のミッションには向き合っていませんでした。自分が責められないように、やるべきことはちゃんとやる、というコミットメントに留めていたのです。
　でも、今は、『覚悟』を持って仕事に取り組めている気がします。会社の目標を目指すという大きな覚悟と、そのために他の人と協力しようという強い気持ちがあります。
　だから、自分の領域外であっても、助けが必要な部門や人がいたら、できるだけ手助けをしています。逆に自分が困った時は、意地を張らずに助けを求めます。お互いの境界を越えて、一緒に前に向かう感じです」

　Xさんが「コミットメント」と「覚悟」という言葉を使われたのが、とても印象的でした。
「コミットメント」とは、目標達成のステップを周到に切り分けて、自分の責務を明確にすることです。コミットしたことは必ずやり遂げるよう求められます。極めて契約色が強い言葉で

すし、コミットする側も、自分の役割を決めて、できない状態に陥らないよう自分を守る方向へと向かいます。

　一方、「覚悟」は、その人の内面から湧き出るものを表す言葉で、自分の犠牲もいとわずにすべてに責任を持つ、英雄的感覚も内包されています。

　コミットだけの集団と覚悟を持った集団は、その形態にも大きな違いが生まれます。コミットだけの集団の場合、人と人の関係が「点」と「点」です。その結果、隙間が多く、合間からこぼれ落ちるものがあり、崩壊しやすいといえます。一方の覚悟を持った集団は、互いに良い影響を与え合いながら広い「面」を創り出すため、強固な組織へと発展します。

　Ｘさんの場合、「会社のビジョンを達成する」という覚悟が決まり、そのため、衝動的に他者を助けるという英雄的感覚に基づく行動ができるようになりました。この英雄的感覚に、ほかのメンバーも巻き込まれ、今、Ｘさんの周りでは、「皆の覚悟が決まっていく」状態が生まれてきています。

　リーダーであるあなたが、ビジョン達成に向けて覚悟を持つことができたら、覚悟に内包される英雄的感覚が周囲に影響を及ぼし、覚悟の連鎖が始まり、強固でブレない組織を生み出すに違いありません。

NATURAL LEADERSHIP POINT

「コミットメント」は自己中心的で、組織全体やビジョンへの本気度を伴いません。一方、「覚悟」は、自らをなげうって責任を背負う、本気度に満ちあふれたものです。自分には覚悟があるか、常に問いかけてみてください。

$*$　$*$　$*$

　ステップ3では、チーム、部署、会社といった組織そのもの
に変容を引き起こすための行動様式についてお話ししてきまし
た。

　既存のルールを盲信していないか、自分の感覚を犠牲にして
いないかを問い直す必要性と共に、「他者のルールの中でも自
分の感覚に忠実」にあること、また、リーダーが固定観念を捨て、
「ゴールよりプロセス」と視点を転換させ、「複数でリーダーシッ
プ」をとる方向へ促すと、組織が内面から活性化していく事例
もご紹介しました。

　最後に、ナチュラル・リーダーシップの仕上げともなる、「英
雄的な感覚」について触れ、覚悟を持つことの意義、そこから
生まれる覚悟の連鎖についてもご説明しました。

　これらはすべて、組織の中でこそ価値を発揮する行動様式で
す。同時に、どの行動様式も、自分の感覚が安定して開いてい
ること、その開いた感覚をベースに、目の前にいる人とリスペ
クトある関係性を保っていることが大前提となっています。

　組織変容の行動様式が思うように進まないと感じる時は、ス
テップ1、ステップ2に戻ります。

　ステップ1とステップ2は、ナチュラル・リーダーシップの
土台です。何度でも戻って、再定着を図ったり、深めたりしま
しょう。

　ナチュラル・リーダーシップを磨いてきた皆さんにはぜひ、
ご自身の現状を内省し、自然と英雄的感覚が備わるリーダーへ
と変容していただきたいと思います。

CHAPTER 6

フィードバックと内省で
心の経験と質を上げる

01

IMDで知った
最先端のリーダーシップ論

　2011年に現在の牧場研修の原型を立ち上げて以降も私は、牧場研修のヒントとなりそうな国内外のプログラムを探しては受講しに行き、プログラムのオーナーとお話をさせていただく旅を続けました。

　国内では、自分の馬を持ち、馬の世話や運動をする生活を送り、海外では、「Equine Assisted Learning（EAL）」を提供している方々、馬の生産で有名な牧場、馬術で有名な牧場、トレッキング、馬耕、馬搬、馬車など、様々な形態で馬と関わりを持つ方々から学び続けたのです。

　人間の世界における「リーダーシップ」や「組織開発」についても、企業経営幹部の育成に重点を置いた世界最高峰のビジネススクールの1つであるIMD（スイスのビジネススクール）に3回通い、ギンカ・トーゲル博士（専門はリーダーシップ開発と人間行動）やシュロモ・ベンハー博士（専門はリーダーシップ、タレント・マネジメント）に学びました。

　トーゲル博士のプログラムにはEALが取り入れられており、馬の力を借りながら、自分の思考や行動パターンをあぶり出し、無意識のバイアスに向き合う時間、感覚を鍛える時間がありました。ベンハー博士のプログラムではボディー・ワークが行われ、思考・脳と身体のつながりを意識するよう指導を受けました。

特に、トーゲル博士にはたくさんのことを教えていただきました。

初めてトーゲル博士にコンタクトしたのは2016年のことです。メールで自己紹介をし、「お会いしてお話を伺いたい」とお伝えしたところ、すぐに返信が来て、なんの条件もなくご了承くださいました。これほど著名な先生がこのような対応をしてくださったことに、とても驚きました。

お会いできた際、開口一番、「meant to be（はじめからそうなる運命だった）」とおっしゃってくださったことも忘れられません。

彼女の講座や著書などから世界のリーダーシップ研究の動向と最新の理論を学び、自分が目指すリーダーシップ像について考えを深めていきました。

その後も、「世界中の女性を応援したい」「日本のビジネスパーソンと会う時は、素子のプログラムを推薦します」などと、機会あるたびに温かい言葉をかけてくださいます。

トーゲル博士も、はじめにで触れたスタンフォード大学のビバリー・ケーン博士もそうですが、最先端のリーダーたちは、決して自分の学んできた知識や経験に安住せず、えらそうに振る舞うこともありません。いつも目の前の相手に関心を寄せ、共に学ぶ姿勢があります。博士という肩書をお持ちですが、博士としてではなく、ギンカ、ビバリーといういち個人として、付き合ってくれます。世界のトップリーダーのこのような在りようが、私の掲げるナチュラル・リーダーシップのモデルにもなっています。

02

絶え間なく成長し続けるためには 「内省力」を向上させること

　ナチュラル・リーダーシップは、「理論」ではなく「感覚」を重視します。

　そのため、一度学んだら終わりではなく、日々、自分の周りで起きる様々な出来事と向き合いながら、感覚を磨き続けることが大切です。

　そのために必要なのが、「内省する力」です。

　内省とは、自発的に自分の考えや行動について振り返ることを言います。そこから「気づき」を得ることで、さらなる成長へとつなげていきます。

　しかし、自分だけで内省するには限界があります。周囲の人の自分への言葉や態度（＝フィードバック）に耳を傾け、素直に受け止めることで、内省が一気に進みます。

　逆に、周囲に関心がなく、他の人からのあなたへのフィードバックに対し、「そんなことない」「聞きたくない」と無視している時、あなたは内省を避けているといえます。

　内省と似た言葉に「反省」がありますが、こちらは、間違いを繰り返さないために、誤った考えや言動を振り返ることを前提とします。反省が必須となる場面もありますが、過剰に反省を繰り返していると、自己肯定感が低くなってしまいます。

　その点、内省には自己批判は含まれません。自分の言動をあ

るがままに受け入れて、さらなる成長を促すことが目的だからです。

　習慣的に内省を行うと、日常生活の中に気づきと成長のチャンスが無数に存在していることに気づきます。

　その意味で、あるがままの自分を受け入れながらリーダーとしての成長につながる内省は、とてもワクワクするプロセスでもあります。

　リーダーに最も必要な資質は「内省する力」であると、多くのリーダーシップの研究者が指摘しています。

　先に述べたIMDのStrategies for Leadershipでも、ギンカ・トーゲル博士が、授業の冒頭で、「リーダーの唯一の資質は内省であり、死ぬまで内省を続けることが大事です」とおっしゃっていましたし、「両利きの経営」の提唱者として有名なチャールズ・A・オライリー博士も、スタンフォード大学のビジネススクールでの授業の際、最初に同じことをおっしゃり、私は「やっぱり！」と心の中で感嘆の声を上げました。

　しかしながら、世界のリーダーが内省の大切さを謳っている一方で、その具体的な方法や継続方法について学ぶ機会は、あまり用意されていません。その結果、各々が自分のやりやすい範囲での振り返りに留めてしまい、内省と呼ぶには不十分になりがちです。

　ナチュラル・リーダーシップは、内省の仕方と内省を成長につなげるための手法を、「リーダーシップ・サイクル」として確立しています（186ページ参照）。ナチュラル・リーダーシップを身につけるだけで、内省が習慣になるのです。

03

内省は他者の力を借りる
〜フィードバックを正確に理解する〜

　先ほど、「内省は、周囲の人の自分への態度や言葉（＝フィードバック）に素直に耳を傾けることで、さらに進むものである」とお伝えしました。

　しかし、リーダーとして日々多忙を極めている方々にとって、これは意外に難しいものです。私も過去に間違った対応をしてしまったことがあります。

　私が外資系企業のマーケティング部長に就任して、1年ほど経った時のことです。

　社内で360度サーベイ（多面評価ともいう）が実施され、上司に加えて部下や同僚など、私と関わる様々な立場の人たちからフィードバックをいただきました。

　部下とも特にトラブルを起こしていなかったため、全体的に良い評価でした。

　ところが、ある項目の評価だけが、明確に低かったのです。

「Listen by Heart（心から聴いている）」

　特に、部下からの評価が低調でした。
「部下とのコミュニケーションには注意と労力を払っている」と自負していただけに、大変なショックを受けました。

　なぜこのような評価になったのか、恥を忍んで部下に尋ねたところ、次のような言葉が返ってきました。

「報告や相談をすると、小日向さんはうんうんと頷きながら聞いてくれるけれど、後でわかっていないことがよくあるんですよね」

　そう言われても、当時の私はまったくピンと来ませんでした。頷いていたのに実はわかっていなかった、というシーンが思い出せなかったのです。
「フィードバックありがとう」とは答えたものの、戸惑いは深まるばかり。
　自分なりに考えてみたものの、「そんな抽象的なことを言われても何をしたらよいのかわからない」という状態に陥ってしまいました。
　この件は後で考えようといったん保留をして間もなく、上層部から目標達成のための厳しい指令が入り、業務が多忙を極め、「Listen by heart」の対応どころではなくなってしまいました。部下からの折角の貴重なフィードバックに対し、結局、何の対応もせずに終わってしまったのです。

　皆さんも、部下からのフィードバックになかなか対応できていないといった経験があるのではないでしょうか。
　リーダーは日々、様々な業務に忙殺されています。自分の担当以外にも部下や他部署の仕事も管理していくわけですから、自分のリーダーシップ行動を内省する行為は疎かになりがちです。
　ナチュラル・リーダーシップが身につくと、現状をまずは受け止められるようになります。受け止めることで、「内省」が

できます。

　具体的には、まず、部下のフィードバックを正確に理解するための質問をします。

　例えば、先ほどの私の事例だと次のようになります。

部下
「報告や相談をすると、小日向さんはうんうんと頷きながら聞いてくれるけれど、後でわかっていないことがよくあるんですよね」

私（リーダー）
「私はそんなに頷いているのですね。気がついておらず、申し訳ありません。

　私の頷きは、あなたの話を聞いているという合図で、それ以上の意味がなかった可能性があります。

　どのように見えていたか、教えていただけますか？」

　などと、自分の無意識の発信（ここでは、頷く）を詫び、相手がその発信にどんな意味があると受け取ったのかの確認をします。

　また、自分の行動に意識を向け、対策を立てて実行します。私の場合は、人の話を聞く時に頭を動かさない、頷かないことを意識します。無意識の行為は修正が難しいので、頭を固定することで、無自覚の発信を防ぐのです。

　部下の言葉にあった「わかっていないこと」については、具体的な事例が出てきたわけではありませんでした。

そのため、戸惑ってしまったのですが、このような場合も、相手が「そう感じた」という事実を受け止め、そのことを相手に伝えます。

私（リーダー）
「私がわかっていないと感じることが何度もあったのですね。申し訳ありませんでした。わかろうという気持ちはあるのですが、私の理解が追いついていない時があるようです。
　そのことをもっと自覚して直していきたいので、今度、私が、"聞いていたはずなのにわかっていない"ということが起きたら、ぜひ、その場ですぐに教えていただけますか？」

　などと、心から聴く姿勢があること、直したいという気持ちがあることを、相手に言葉で示すのです。
　部下も、このように事前に頼まれると、言いやすくなります。「フィードバックなんて面倒」とスルーすることも減るでしょう。

　他者からのフィードバックに耳を傾け、内省し、自分の行動を変えていくことは、ナチュラル・リーダーシップにおいて、とても大切なプロセスです。
　自分では気づくことができなかった自分自身の言動に光を当て、必要に応じて変更できる貴重な機会だからです。
　また、相手に力を借りたり、状況を伝えることで、組織全体のパフォーマンス向上にもつながっていきます。
　他者と自然の力を借りることで、このプロセスの質を上げていきましょう。

04

知の巨人や哲学者にも通じる 「成長し続ける」サイクル

　内省を続けて成長するための具体的な手法を、ナチュラル・リーダーシップでは、「リーダーシップ・サイクル」と呼んでいます。

　「リーダーシップ・サイクル」は、「内省」「観察・理解」「行動変容」「フィードバック」の4つで構成されており、これらを順番に回していくことで、継続的な内省と、内省に基づく成長を促すものです（図参照）。

リーダーシップ・サイクル

・**内省**…………………自分の言動を振り返る
・**観察・理解**………他者に耳（心）を
　　　　　　　　　傾ける
・**行動変容**…………自分の行動を変える
・**フィードバック**……自分に対する他者の
　　　　　　　　　反応を受け取る

　常に自分の考えや言動を「内省」し、周囲の人や物事をよく「観察・理解」し、自ら必要な「行動変容」を促し、それに対する周囲からの「フィードバック」を受け止めて、再び「内省」し、改めて「観察・理解」を行います。

　このリーダーシップ・サイクルを回し続けることで、ナチュラル・リーダーシップが最大限に発揮されます。

「リーダーシップ・サイクルを回し続ける」ことについて具体的にイメージしていただくために、実際にあった女性の例をご紹介しましょう。

　大企業でリーダー職を務めるＹさんは、ご自身のことを「優等生タイプというか、従順なタイプだと思う」とおっしゃいます。上司や部下とぶつからないよう、うまく振る舞っているそうです。
　彼女は、ご自身のことをこう振り返られました。
「特に部下に対しては、彼らが疲れたり、困ってしまったり、機嫌が悪くなると嫌なので、いつも丁寧にケアしています。
　私は波風が立つのが苦手なので、大小すべてのトラブルを避けたいと思う傾向があります」
　これが、自分の言動を振り返る、第一段階の「内省」です。

　Ｙさんのこうした対応に対し、部下の方たちはどう振る舞っているのでしょうか。現状を観察するようお願いしたところ、彼女は、このように伝えてくれました。
「部下は総じて、自由に発言し、能力も発揮していますし、『Ｙさんの下はとても働きやすい』と嬉しそうに話しています。
　一方で、１つのプロジェクトを、彼らだけで完遂したことがないのです。毎回、自分が手を貸す必要があり、その負担は少なくありません」

　この観察結果をどう理解するかと伺うと、考え込みながら、次のように答えました。

「もしかすると、部下は皆、私のことをお母さんのように見ていて、甘えているのかもしれないと思いました。私も私で、あれこれ心配して、つい先回りをして手を貸してしまいます。信じて任せるということができていないのかもしれません」

　ここまでが、第二段階の「観察・理解」です。

　次に「内省」→「観察・理解」を経ての「行動変容」です。

　Ｙさんは現状の打開に向け、言動を変えました。具体的には、小さなプロジェクトを彼らに任せたそうです。

「今回、私は手を貸すことができないので、そのことも計算して１カ月以内に皆で終えるようにしてください」と指示を出したところ、部下たちは見事、Ｙさん抜きでプロジェクトを完了させました。

　部下たちはＹさんに、「Ｙさんがいなくても、自分たちでできました。僕たちはこれまで、Ｙさんに甘えすぎていたかもしれません。次は、もっと大きなプロジェクトでも、自分たちで完了できるようになりたいです」と話してくれたそうです。

　Ｙさんの行動に対する「フィードバック」です。

　Ｙさんは、この「フィードバック」を受け、再び、さらに深い「内省」をされました。

「これまでの私の態度が、皆を甘やかしていたことに気がつきました。波風が立つのが苦手で、先手先手でケアしてしまうと言いましたが、結局、優等生気質が強く、失敗を恐れていたのかもしれません。

　でも、思い切って手放したほうが、部下たちは間違いなく成長することがわかりました。しかも、任せた時のほうが、彼らが楽しそうだったんですよね。

　今後は、失敗して周囲から批判されることを恐れず、もっと彼らを信じて任せていきたいと思います」

　リーダーシップ・サイクルが1周し、次の段階の「内省」へとつながったことが、ご理解いただけるでしょうか。

　なお、リーダーシップ・サイクルは、状況に応じて出発点を変えてもかまいません。

　例えば、182ページで紹介した私の失敗経験に当てはめると、次のようにサイクルを回すべきでした。

・フィードバック……部下からの「Listen by Heart」の評価が低い。

　　　　　↓

・内省……心から聴けていないことを受け止め、自分の言動や思考をていねいに振り返る。

　　　　　↓

・観察・理解……周囲が「Listen by Heart」を低く評価した理由を理解し、そのための情報収集・観察をする。

　　　　　↓

・行動変容……観察・理解したことをもとに、行動を変える（「頷きの回数を減らす」「今度同じ問題がおきた時にすぐにフィードバックしてほしいと部下にお願いをする」など）。

　「フィードバック」から始まったこのサイクルも、「内省」→「観察・理解」→「行動変容」を経て、再び、私の「行動変容」に対する部下からの「フィードバック」へと入っていくでしょう。おそらく、部下が本当にわかってほしい内容について念を押す

ようになり、結果として「Listen by Heart」の評価が変わる、といったことが推測できます。

　上記のような形で、リーダーシップ・サイクルを回し続けることは、偉大なリーダーになるための道でもあります。ここでいう偉大なリーダーとは、ナチュラル・リーダーシップを継続し、周囲をも大きく変容させるパワーを体得したリーダーです。

　リーダーシップ・サイクルを回すことが、なぜ、偉大なリーダーになるための道なのか、お話ししましょう。
　リーダーシップ・サイクルを回すと、自ずと周囲の人を巻き込むことになります。
　私が観察・理解する「他者」、行動を変えた私が働きかける「他者」、私の行動変容にフィードバックをくれる「他者」といった具合です。
　また、自分がリーダーシップ・サイクルを回すと、「他者」もリーダーシップ・サイクルを回すようになります。
　先ほどのＹさんの事例では、Ｙさんがリーダーシップ・サイクルを回すことで、部下が自ら「甘えていたかもしれない」と内省し、「次はもっと大きなプロジェクトを自分たちでやってみよう」と、行動の変容へ結びつけました。
　最初は、部下の側のリーダーシップ・サイクルの回し方はぎこちないかもしれませんが、Ｙさんが自分のそれを回し続けることで、部下側の精度も徐々に高まっていくでしょう。そして部下も、自らが関わった周囲の人たちのリーダーシップ・サイクルに影響を与え始めます。
　つまり、リーダーであるあなたがリーダーシップ・サイクルを常に回すことで、あなたを起点として、同じように自らの

リーダーシップ・サイクルを回す人が加速度的に増えていきます。あなたの周りの1000人もの人々が変化していくことも、絵空ごとではありません。

　ただし、リーダーシップ・サイクルは、誰もが最初から簡単に回せるものではありません。

　例えば、あなたの苦手な人、嫌いな人からの声に心から耳を傾け、自分の行動を変え、フィードバックをもらうことをイメージできますか？　おそらく、拒否感が先に立ち、思考を止めてしまうのではないでしょうか。

　リーダーシップ・サイクルは、心理的安全性のあるところでは、比較的簡単に回すことができます。

　牧場研修の場はその際たるもので、牧場では、参加者の皆がリーダーシップ・サイクルを回します。しかし、オフィスや家庭に持ち帰ることには、抵抗感を持つ方が少なくありません。

　なぜなら、牧場では、「学びの場で、守秘義務があり、皆が意識してリーダーシップ・サイクルを回すことが自然」です。心理的安全性が高いのです。一方、オフィスや家庭では、心理的安全性が担保されません。気の合わない人がいたり、利害が対立したりなど、明らかに安全でない場合も多いでしょう。周囲の人が、必ずしも日常的にリーダーシップ・サイクルを回しているとも限りません。

　しかし、このように壁を感じた時こそ、良き「内省」のチャンスです。自分の抵抗感がどこから来るのか、振り返ってみてください。深い内省には、ナチュラル・リーダーシップのステップ1でお示しした、行動様式①②③に立ち戻ることが、なにより有効です。

05

リーダーシップ・サイクルを
身につける
3つの学習方法

　リーダーシップ・サイクルを回し続けることで、自身の成長のみならず、周囲にも成長の輪を広げることができます。

　無理なくリーダーシップ・サイクルを回し続けられるようにするための、「3つの学習方法」をご紹介します。3つとは、以下のとおりです。

3つの学習方法

1. 常に学ぶ
2. 他者と共に学ぶ
3. 自律的に学ぶ

　これは、IMDのシュロモ・ベンハー博士が教鞭をとる「Organizational Development（組織開発）」の授業の中で、紹介くださった「テクノロジーを活用した3つのペダゴジー（教育学）」に触発され、まとめたものです。

　どれか1つだけ行うのではなく、3つすべてを同時に行うことが大切です。

　学習方法を複数持ち、同時並行的に実践していくことで、「内省」「観察・理解」「行動変容」「フィードバック」が自然に回ることになります。

　それぞれについて、お話ししていきましょう。

1　常に学ぶ

これは「四六時中勉強しましょう」という意味ではありません。むしろその逆で、暮らしの中の偶発的な学びを大切にしましょう、という意味です。誰かとの雑談、1人での休憩時間、移動時間——。そのすべてに、学びの種があります。学びやすい環境をつくるのもいいでしょう（194ページ参照）。

例えば私は、リラックス時間に、流行りのアニメやドラマを流し見するのですが、いつの間にか、LGBTQに詳しくなっていました。また、海外の映画を見ているうちに、英語の言い回しを自然と覚えていたりします。

先日、東京のカフェでぼんやりしていた時に、目の前の街路樹が60度ほど傾いているのが気になり、街路樹の種類について調べ始めました。おかげで知識が増え、自然から学ぶ研修設計のネタになりそうです。

このように、「常に学ぶ」マインドで日々暮らしていると、「○○を覚えよう」「やらねばならない」といった思考から抜け出し、偶発的なきっかけから自然と学びを得ることができます。

2　他者と共に学ぶ

共に学ぶパートナーがいるといないでは、学びの深度や速度が大きく変わります。

他者と共に学ぶと、互いに励まし、刺激し合えるだけでなく、様々なフィードバックをもらうことができ、他の人が学ぶ姿を見ることで、気づきを得ることもあります。

リーダーという立場になったことで、他者より優位な状態であることに固執してしまい、他の人から学ぶことができにくくなっている方は少なくないようです。うまくいっていないと感じる状態を他の人に見せることを、躊躇してしまうのでしょう。

学びやすい環境を整える3つのポイント

　日常の偶発的なきっかけから学びを得るには、環境も大切です。

　学びやすい環境を整えるための3つのポイントをご紹介します。

ポイント1：自然を取り込む

　自然は多くの学びを与えてくれます。

　職場や自宅の部屋に自然を取り込んでみましょう。

　窓から自然が見える部屋を選ぶことがベストですが、難しい場合は、植物を部屋に招きます。鉢植えなどを飾り、1日1回、近寄って手を触れて、声をかけるだけでも充分です。

> ＊アニー・マーフィー・ポール氏は、著書『脳の外で考える』(ダイヤモンド社刊)の中で、次のように言っています。
> 「自然は複雑である、という点は間違いありません。しかしその複雑さは、脳が楽に処理できるたぐいのものです。」
> 「ほんの短時間、窓の外を見るだけでも、知的能力に違いが生まれます。」
> 「自然に触れることにより、興奮が抑えられて注意力が上がり、時間の感覚が拡張され、将来に向けて大きく構えられるようになります。」

ポイント2：本を飾る

視界に本のある部屋は居心地がよく、その場にいるだけで学びが刺激される空間となります。

物語が好き、デザインが好み、タイトルが素敵……。どのような理由でも構いません。自分が大切だと感じる本を、タイトルや表紙がハッキリと見えるようにして、部屋の目につくところに置きましょう。

自分にとって大切な価値観が、無意識のうちに心を癒やし、刺激を与えてくれます。

ポイント3：掃除

掃除は、自らの視野を広げ、注意力を高める作業です。大切なものを見つける意味合いも持ちます。

最初は玄関やトイレ、キッチンなどの水回りだけでも構いません。毎日決まったタイミングで掃除をしましょう。

見えるところだけではなく、「自分の目線より上」「自分の膝より下」にも意識を向けてください。掃除前よりもキレイにすることを目指します。

この時、要注意なのが、「今日はキレイだからやる必要ない」とやめてしまうことです。汚れていないように見えても、何かしらの変化は起きているもの。1分だけでいいので取り組みましょう。

「いつもありがとう」の気持ちを忘れずに。心持ちが変わります。

ですが、それでは成長につながる学びは得難いものです。

職場や知人同士での集まりで学ぶ場合は、「困難な対話」のワーク（79ページ）や雑談の時間を正式な枠組みとして設けるなど、学び合うための環境を設定するといいでしょう。

一緒に学ぶ他者は、知人でなくてもかまいません。友人や職場関係者、経営者仲間などの集まりでは、既存の関係性から抜け出せない可能性があるため、新たに探してもいいでしょう。素直にお互いのフィードバックを受け取りやすくなるはずです。

プロに依頼してコーチングを受けるのもオススメです。ビジネスコーチは、あなたの「鏡」となって、内面を引き出すサポートをするプロフェッショナルです。友人知人間のフィードバックだと、お互い傷付け合う危険もありますが、コーチであれば、そのリスクもありません。心理的安全性も確保されます。

あるいは、地域の大学の公開講座、コーチングやリーダーシップを体験的に学ぶ1日講座に参加してみるのもいいでしょう。学びの場に顔を出すことで、ネットワークも広がります。

3　自律的に学ぶ

You can take a horse to the water, but you can not make him/her drink.

（馬を水辺に連れて行けても水を飲ますことはできない）

これは、英語圏で有名なことわざで、「馬に水を飲ませてあげようと思って水辺まで連れて行くことはできる。しかし、水を飲むか飲まないかは馬自身が決めることであり、無理矢理人が飲ませることはできない。つまり、周りの人がいろいろな機会を与えて支援することはできるが、最終的にやるかどうかは本人次第である」という意味です。

　当たり前すぎるかもしれませんが、結局のところ、あなた次第なのです。あなたが「自律的に、自ら学ぶ姿勢」を持って初めて、リーダーシップ・サイクルは回り始めます。

　大切なのは、先にあげた2つの学習方法「常に学ぶ」「他者と共に学ぶ」と同時に行うことです。

「日常的な場において、リラックスし、偶発性を感じながら、他の人の動きを観察したり、フィードバックを受けたりしながら、自律的に学ぶ」のです。

　そうすることで、無理なくリーダーシップ・サイクルを回し続けることができるようになっています。

「3つの学習方法」を同時並行的に行うことで、掛け算することとなり、次のような新しいメリットが生まれます。

・常に学ぶ × 他者と共に学ぶ ＝ 偶発性の数が格段に増える
・他者と共に学ぶ × 自律的に学ぶ ＝ 学びポイントが格段に増える
・常に学ぶ × 自律的に学ぶ ＝ 偶発性を見逃さない率が高まる

　3つを全部掛け算すると、次のような結果が期待できます。

常に学ぶ × 他者と共に学ぶ × 自律的に学ぶ ＝
　　自分だけでは決して得ることができなかった、予期しなかった学びにあふれる　⇒　素晴らしい成長

　ぜひ、3つの学習方法を実践し、無理なくリーダーシップ・サイクルを回し続けてください。あなた自身が成長するだけでなく、あなたが回すリーダーシップ・サイクルに影響を受ける周囲の人たちにも、学びと成長の輪が広がっていきます。

06

"私らしく"生きながら "調和"し合う。そんな新しい 関係性がお互いを高め合う

「自分の感覚を大切にし、自然体である」というリーダーの在り方をお話ししてきましたが、まだ不安や疑問が残っている方もいらっしゃるでしょう。

研修や講演等の場で、同じようにナチュラル・リーダーシップについてお話しさせていただくと、次のような言葉をいただきます。

「仕事の場で、リーダーが自分らしく振る舞っていたら、大変なことになりますよね」
「どうして皆、自分らしく振る舞わないのかな。振る舞えばいいのに」

皆さんは、どうでしょうか。

どちらもリーダーとして抱く本音でしょう。

上が「優等生タイプ」であり、「周囲との調和を優先して、自分を押し殺すタイプ」とすると、下は「我が道を行くタイプ」であり、「自分の主張を優先して、組織の調和を乱すタイプ」と言えます。

この2つは、元来、両立しないものとみなされてきました。

しかし、理想的な在り方は、誰もが「自分らしく生きながら、他者と調和し、お互いを高め合う関係性をつくること」です。

「それができれば素晴らしいけれど、現実的ではない。実現には、高いハードルがある」

そう感じる方は、次のように考えてみてください。

まず、「自分らしさ」の源泉を、自分の「考え」ではなく、自分の「感覚」と捉え直します。

次に、他者との「調和」を、「相手の考えに合わせる」と捉えると苦しくなるので、「相手の感覚に気づき尊重する」と捉え直します。

つまり、相手の感覚を尊重すると共に、自分の感覚も否定せずに尊重する、ということです。

この「捉え直し」はCHAPTER 3、4でご紹介したステップ1、2で行ったことです。

「自分らしく生きながら、他者と調和し、お互いを高め合う関係性をつくる」ためのステップは、ナチュラル・リーダーシップのステップと重なることに、お気づきいただけたでしょうか。

ナチュラル・リーダーシップは、誰か1人が取り組むことで、その輪が周囲の人へと広がっていきます。

リーダーであるあなたがナチュラル・リーダーシップを実践されることが、そのまま周囲の人を変え、その方々がさらに自分の周囲に影響を与えていくことで、いつしか、誰もが生きやすく、調和の保たれた社会の実現につながっていきます。

最先端のリーダーシップを知り得た今、後は実践あるのみ。

ぜひ、理想的な組織・チームの構築に向けて、新たな1歩を踏み出してください。

おわりに

人間を様々な生きづらさから救う
ナチュラル・リーダーシップ

　ここまで読み進めてくださったあなたに、まずは、心から感謝の気持ちをお伝えしたいと思います。

　本当にありがとうございました。

　この本のベースになっている牧場研修は、馬とのコミュニケーションを通じて行う内省・行動変容プログラム「ホースローグ」（旧ホースコーチング）が軸にあります。2013年の提供開始から丁度10年の節目にこの本が世に出たことを、とても嬉しく思います。

　本文でも触れましたが、このプログラムによって、私自身のリーダーシップの在りようは大きく変わり、以前抱えていた息苦しさから解放され、しかも、多くの方々に手を差し伸べていただけるようになりました。

　以前よりも感覚が開き、泣いたり笑ったり、喜びを感じることが増えました。今でも、ビジネスや暮らしの中での浮き沈みはありますが、基本的な充足感に満たされているので、かつてのように心底疲弊することがありません。

　むしろ、私自身が変容していく中で、素晴らしい方々との出会いに恵まれるようになりました。その出会いに、毎回、感謝の気持ちでいっぱいになります。

　これは、私にだけに起きた、特殊な事例ではありません。延べ2000人を超えるリーダーたちの課題と、研修を通じての変化

を目の当たりにし、人間を様々な生きづらさから救うのは、自然の力であり、ナチュラル・リーダーシップであると、確信を強めています。

　本書を通じて、牧場研修を体験せずとも、より多くの方が、自分らしく、社会と調和するナチュラル・リーダーシップを発揮してくださることを願っています。

　最後に謝辞を。

　推薦コメントを書いてくださった山口周さん。周さんの数々の著作と、パブリックスピーカーとしてのご活躍があってはじめて、この本が世に出る意味と価値が市場に生まれたと感じています。執筆にあたっても、周さんのお言葉を道標にさせていただきました。いつもお助けいただきありがとうございます。

　以前からの友人で、ビジネス書作家として著名な村尾隆介さん、村尾さんからご紹介いただいた出版支援コンサルタントの糸井浩さん、お二人がこの本の起点です。心から感謝しています。

　執筆の過程で、何度も、何かヘンだが理由がわからない、という状態に陥りました。そんな時、「ナチュラル・リーダーシップ」という言葉を授けてくださったOne Capital共同創業者の坂倉亘さん、３つのステップと10の行動様式を本の根幹に据えるという発想をくださった弊社プログラム・ディレクターで学びデザイン社長の荒木博行さん、お二人はインスピレーションの源です。ありがとうございました。

　本文でもお名前を出させていただいた、資生堂の田岡大介さんとコルクの佐渡島庸平さんにも、改めてお礼を申し上げます。お二人は、牧場研修の価値を現場で掘り起こし、本のネタをつ

くってくださいました。

　今回、初めて本を執筆し、私の中にあるものを「文字」だけで伝えるべく、言葉と向き合い続けました。
　"私の中にあるが言語化されていないもの"が表出する瞬間も多々ありましたし、新しい命を生み出す大変さを感じました。何ものにも代えがたい体験でした。
　SNSやネットが隆盛を極める時代ですが、これからも「本」はなくなってほしくない、心からそう感じています。
　あえて「本をつくる・流通させる・売る」ことに関わる方々には、敬意の念しかありません。
　そして、「本を読む」のも、なかなか大変な作業です。読者の皆様にも、あらためて感謝の念を持たずにおれません。
　本に関わるすべての皆様に、感謝の気持ちでいっぱいです。

　最後の最後に、アーチャー、エルメス、ジョイ、ルー、ウパ、天国の命たち、みずきさん、ろくたさん、いつもありがとう。みんなとの日々の暮らしのおかげでこの本ができました。
　そして、あみいさん。あみいさんなくしてこの本はありません。どうもありがとうございます。これからもよろしくお願いいたします。

ナチュラル・リーダーシップを発揮する
ワーク9

Work1
ワーク1
行動様式①

感覚を鍛える
〜「中心視野と周辺視野」のワーク〜

磨く感覚 …… 視覚
実施する際の人数 …… 1名
所要時間 …… 5分程度

───── **手順** ─────

① 両方の目で目の前の一点を見つめる（対象を決めると焦点を合わせやすい）。

② 目と顔を動かさず、空（天井）や地面（床）を視野に入れる。はっきりと捉えられなくてもOK。

③ ①と②の見方で、身体感覚がどのように異なるかを言語化する。

④ 顔の前に両手を伸ばし、手のひらを顔に向ける。両手のひらを両目でしっかりと見る。

⑤ そのまま目も顔も動かさず、ゆっくりと手を左右に広げていく。

⑥ ④と⑤の見方で、身体感覚がどのように異なるかを言語化する。

　人間は左右100〜110度程度まで、物を見ることができると言われています。しかし、よく見えるのは目の前の30度ほどで、この範囲を「中心視野」と呼びます。それ以外のぼんやりと見えている部分は「周辺視野」です（91ページ参照）。

　このワークでは、中心視野と周辺視野とで、見え方や身体の感覚が異なることを感じてもらいます。例えば、以下のような感じです。

例：
・焦点を合わせて一点を見ている時……肩や首に力が入っている
・焦点を合わせずにぼんやり見ている時……体がふわふわする
・焦点を合わせてからゆっくり周辺を見た時……体がスッとする、
　血が通う感じ

　普段、人は中心視野だけを使って生活しています。その場合、目で捉えられる情報が狭まります。見えないことで不安要素が増える分、精神的にも疲れやすくなります。

　周辺視野まで活用できるようになると、見える範囲が格段に広がります。必要な情報を的確に捉えることができるようになり、視野もブレにくくなります。

　文字を素早く頭の中に入れたり、ほかの人の動きをよく捉えられるようになり、仕事のパフォーマンスが上がります。

　何より見え方が変わりますから、必然的に感じ方が変わり、思考や行動にまで影響を与えます。

感覚を情報に変える①
～「アタマとオナカ」のワーク～

磨く感覚 …… 内受容感覚
実施する際の人数 …… 1名
所要時間 …… 1～2分程度

手順

---

① 目を閉じてリラックスする。

② 「アタマ、アタマ、アタマ……」と、30秒から1分唱え続ける。

③ 「オナカ、オナカ、オナカ……」と、30秒から1分唱え続ける。

④ ②と③で、身体感覚がどのように異なるかを言語化する。

アニー・マーフィー・ポール氏は著書『脳の外で考える』(ダイヤモンド社) で、内受容感覚について、「網膜 (視覚)、蝸牛殻 (聴覚)、味蕾 (味覚)、嗅球 (嗅覚) といった外の世界からの情報を受け取るセンサーがあるように、体内にもセンサーがあり、脳に絶えずデータを送っています」と述べています。

この内受容感覚を高めることを、ナチュラル・リーダーシップでは重視します。内受容感覚が高まると、身体感覚から得られる情報量が圧倒的に増えて、その後の行動も大きく変わってくるからです。

このワークで「アタマ」と言っている時は血が頭に、「オナカ」と言っている時は血がお腹のほうに移ったように感じられます。

そして、「オナカ」と言っている時のほうがリラックスできるはずです。

内受容感覚を実感するのに最適のワークです。

感覚を情報に変える②
～「ボディスキャン」のワーク～

> 磨く感覚 …… 内受容感覚
> 実施する際の人数 …… 1名
> 所要時間 …… 15〜30分程度

────────── **手順** ──────────

① 広く、居心地のよい場所を確保する。場所は、室内でも外でもよい。

② 軽く準備運動をする。まず、両足を肩幅に広げてまっすぐ立ち、その姿勢のまま両肩だけをぐっと上げて、力を抜いてストンと落とす。これを5回ほど繰り返す。

③ 両足を肩幅に広げ、膝を軽く緩める。

④ 目を閉じて、地面を鏡と思い、鏡に写っている自分を想像する（本当の自分と鏡の中の自分が足の裏でつながっているイメージ）。

⑤ 鏡に映る自分の姿を意識しながら、右足のつま先を地面に付け、足首をゆっくり回す。つま先が移動したり、地面を掘ってしまったりしないように注意する。

⑥ ある程度回したら、足首を逆方向に回す。「足首を回しやすい向き」と「足首を回しづらい向き」があることに気づくはず。

⑦ 左の足首も同様に、右と左に回す。

⑧ 深呼吸をする。地面が「大きな地球」であることを意識し、地球の中心部まで意識を落とし、超高温でのマグマのエネルギーを、呼吸をしながら吸い上げているとイメージする。

⑨ 鼻から息を吸う。その際、両方の手で「地面の下のエネル

ギーをすくうような動き」をする。息を吸うのに合わせて、足、おへそ、胸、眉間へと手を動かす。両方の足の裏からエネルギーが体内に入り、おへその下で1つになり、胸の真ん中、喉を通り、頭のてっぺんまで上がってきているとイメージする。

⑩　もうこれ以上吸えないというところまでいったら、手のひらを地面に返して、口から息を吐きながら戻していく。先程とは逆に、エネルギーが地球に戻っていくのをイメージする。

⑪　「地面の下のエネルギーをすくうようにゆっくり息を吸う」「エネルギーが地面の下に戻るようにゆっくり息を吐く」（⑧⑨⑩のこと）を何回か繰り返す。

⑫　慣れてきたら、呼吸によってエネルギーが通る時に、身体のどこが最も気になるかをスキャンする。

⑬　目を開けて、自分の身体のどこがどのように気になったか、言葉にする。「蝶が胃の上にいるみたい」など、具体的な表現ができるとよい。

狙い

　意識を身体感覚につなげることが狙いです。定期的に実践することで、これまで感じたことのない身体感覚を感じ取れるようになります。

　身体感覚から得られる感覚には、自分なりに名前を付けていきます。お腹の上のほうがズキズキする時は、「新しいモノへの恐れ」といった具合です。

　それにより、身体感覚をベースに自分の感情や思考をよりよくコントロールできるようになります。

センス・オブ・ワンダーを持つ
～「空の道」のワーク～

> 磨く感覚 …… 視覚、事実の看取
> 実施する際の人数 …… 1名以上
> 所要時間 …… 5～10分程度

--- **手順** ---

① 大きな木を探す。

② 木を見上げ、枝と枝の間から見える空を眺める。

③ 視界の中に、枝で区切られた「空の道」を探す。

④ 空の道は誰のための道か、どこへ続くのかなど、物語を連想する（2名以上いる場合は物語をシェアする）。

⑤ 一連の流れで感じたことを言語化する。

--- **狙い** ---

　身の回りの自然から「気づき」を得ること、感覚を開いてその自然の世界に入り込み、想像力をかきたてることが狙いです。

　当たり前に見ている家の周りの風景や、通勤途中の風景の中にも、必ず自然は存在します。足を止めて目線を変えて、それらに目を向けてください。

　目を見張って集中すれば、高い解像度で繊細な事実を捉えられます。見慣れた風景から違う印象を受けたり、思わぬ物語が生まれてきたりするはずです。

空の道

Work5 ワーク5 ｜ 行動様式④

境界を知り、越える
〜「人と人の境界に気づく」のワーク〜

> 磨く感覚 …… 視覚、聴覚、内受容感覚ほか
> 実施する際の人数 …… 2名以上
> 所要時間 …… 最短で15分程度

--- 手順 ---

① 広く視界がよく、さえぎるものがない場所を確保する。

② 2人1組になり、「馬役」と「人間役」を決めて、最低10メートルは離れる。

③ 馬役の人は、できるかぎり思考を止めて、馬になりきる。両手は脇の下にだらりと垂らし、目は開いた状態で、とにかくリラックスする。

④ 人間役の人は馬役の様子を観察し、馬役が止まっている時だけ近づく。少しでも動いていたら、即座に足を止める。「眉間が寄った」「右の小指がかすかに動いた」「上半身が揺れた」「胸が動いた」などの小さな動きも見逃さない。

⑤ 馬役が思わず1歩下がってしまう距離まで近づいたら終了。

⑥ 何があったのか、何を感じたのかをお互いに振り返る。

「自分と他者との間にあるいくつもの境界」を感じてもらうワークです。牧場研修では、本物の馬に対しても行います。

人間役は「すべての感覚を頼りに、他者の境界（＝他者の価値観）に気づき、尊重する」ことが目的です。「相手の動きを意外と見逃している」「見えていても自己判断で無視してしまう」「慎重すぎて近寄れない」「相手を緊張させる空気を出している」といった感覚を自覚できるはずです。

馬役は「感覚を通じて、自分の境界（＝自分の価値観）を知る」ことが主な目的です。人間役がどんどんと近寄ってくる中、身体感覚の変化を振り返ることで、「自分は他者への警戒心が強いタイプ」「正面から来る人は苦手」などの気づきを得られます。

このワークは振り返りとフィードバックが特に重要です。

人間役は「あそこで馬役の人に〇〇の動きがあったので、止まった」「次に近づいた時は、××という動きがあったので、止まった」といった具合に、止まった理由を場所ごとに説明していきます。

それに対して馬役は、自分がその動きに意識的だったか、そうではなかったかを振り返ります。

「自分は動いたつもりだったのに、人間役が気づかず近寄ってきた」といった場合は、そのことも伝えます。「近寄られた時の気持ち」も率直に言葉にしてください。「正面から近づいてくるので怖かった」「リラックスしていたのに近づいてこなくて、ちょっと寂しさを感じた」など、どのような内容でも構いません。「それ以上近寄られると嫌だな」と感じた地点もフィードバックしましょう。

「弱さ」を尊重する
～「背中合わせで立ちあがる」のワーク～

> 磨く感覚 …… 触覚、内受容感覚ほか
> 実施する際の人数 …… 2名以上
> 所要時間 …… 一瞬でできる場合もある

手順
---

① 2人1組になる。
② 背中合わせで体育座りをする。
③ お互いの腕を組む。
④ その状態のまま、一緒に立ち上がる。
⑤ 何があったのか、何を感じたのかをお互いに振り返る。

狙い

　背中合わせの相手と一緒に立ち上がると、「自分の感覚」と「他者の感覚」を合わせる難しさを理解できます。「他者と力を合わせなければできないことがある」という実感も持てるでしょう。

　ワーク後の振り返りでは、「自分がいかに他者を信頼しにくいか」「その理由は何だったのか」「力のバランスや身体の大きさなどが影響したのか」といったことを、率直に語り合ってください。

　最後に「普段の自分の行動とどのような関連があるか」を話し合い、自身の行動変容へとつなげていきます。

真の危機以外は
エネルギーを温存する
〜「認知行動分析」のワーク〜

磨く感覚 …… 思考、行動、感情、身体感覚のつながり（関係性）
実施する際の人数 …… 1名以上
所要時間 …… 30分程度

手順

---

① うまくいかない瞬間アセスメントシートを用意する。最初に
「ストレス、困難を感じた瞬間」について、事実を具体的に書く。

② ストレスや困難を感じた時、どのような考えが頭に浮かんだ
か、「認知（思考・イメージ）」のボックスに書く。

③ どのような「気分・感情」になったのかを書く。気分と感情は
複雑に混じり合っていますが、「怒り80パーセント・イラつき20
パーセント」のように、細かな分析をして書き込むのが理想。

④ ストレスを感じた時の「身体反応」を詳しく思い出して書く。
外部的な反応だけでなく、可能であれば時間をかけて、身体
の中の反応（内受容感覚）まで思い出してみる。

⑤ ストレスを感じた時の「行動」を書く。事実をそのまま書け
ばOK。

⑥ ストレスにどのように「対処」したのかを書く。「次に同じこ
とが起きたら、どのような対処ができるか？」といった視点で
書き出してもOK。

⑦ 周囲からどのような「サポート資源（＝助け）」があったのか
を書く。「当時は気づかなかった助け」「実際には使わなかった
助け」「欲しかった助け」も書き出す。

うまくいかない瞬間アセスメントシート（書き方の例）

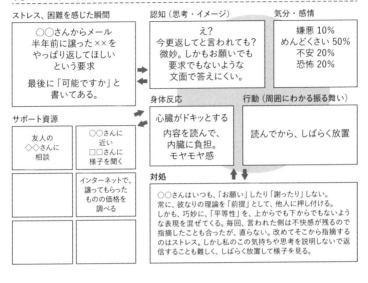

ストレス、困難を感じた瞬間

○○さんからメール
半年前に譲った××を
やっぱり返してほしい
という要求

最後に「可能ですか」と
書いてある。

認知（思考・イメージ）

え？
今更返してと言われても？
微妙。しかもお願いでも
要求でもないような
文面で答えにくい。

気分・感情

嫌悪 10%
めんどくさい 50%
不安 20%
恐怖 20%

身体反応

心臓がドキッとする

内容を読んで、
内臓に負担。
モヤモヤ感

行動（周囲にわかる振る舞い）

読んでから、しばらく放置

サポート資源

友人の
◇◇さんに
相談

○○さんに
近い
□□さんに
様子を聞く

インターネットで、
譲ってもらった
ものの価格を
調べる

対処

○○さんはいつも、「お願い」したり「謝ったり」しない。
常に、彼なりの理論を「前提」として、他人に押し付ける。
しかも、巧妙に、「平等性」を、上からでも下からでもないような表現を混ぜてくる。毎回、言われた側は不快感が残るので指摘したことも合ったが、直らない。改めてそこから指摘するのはストレス。しかし私のこの気持ちや思考を説明しないで返信することも難しく、しばらく放置して様子を見る。

1つの事例だけで終わらせず、ストレスを感じた時はこのシートに書き込んでみてください。

「自分はどんなことに対してストレスを感じるのか？」「その時にどんな身体感覚があり、どのような行動をとるのか？」といった自分でも無意識のパターンが見えてきます。

例えば、「作業途中のものについて聞かれると、『まだ終わっていないのか』と批判された気がして胸のあたりがスッと冷たくなり、反発するような物言いで言い返してしまう」「部下から即レスがないと軽視されていると感じ、脳が沸騰し、さらにメッセージを送ってしまう」といった具合です。

自分のパターンをつかむことで、新たな対処方法やサポート資源を見つけ、より良く対応できるようになるでしょう。

記入用シート

うまくいかない瞬間アセスメントシート

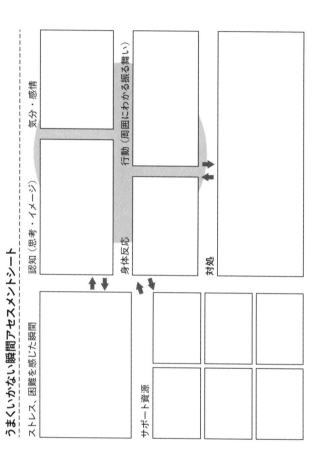

ストレス、困難を感じた瞬間

認知（思考・イメージ）

気分・感情

身体反応

行動（周囲にわかる振る舞い）

対処

サポート資源

Work8 ワーク8 | 行動様式⑦〜⑩

他者と感覚で調和する①
〜「音楽をつくる」ワーク〜

磨く感覚 …… 聴覚、触覚、視覚
実施する際の人数 …… 3名以上
　　（ファシリテーターがいると、なおよい）
所要時間 …… 30分程度

手順

---

① 「演奏チーム（2名以上）」と「観察チーム（1名以上）」に分かれる。

② 演奏チームは各自、身の回りから音を出せるアイテムを探す。例えば、テーブル、ペン、本、ビニールの袋など。これらだけでも、机をペンでコツコツと叩く音、本をパタパタとあけしめする音、ビニールを触るカシャカシャという音を出すことが可能。

③ ②で探し出したアイテムで、音を出してみる。

④ 互いの音とリズムを聞きながら、合わせていくことで音楽をつくる。楽器として使うアイテムを変えつつ、どのような音楽ができるか試行錯誤してみる。

⑤ 振り返りを行う。演奏チームは、ほかのメンバーと音楽をつくってみた感想を述べ、観察チームは音楽を聞いたうえで、事実と主観を分けてフィードバックをする。

⑥ 役割を変え、同じことを行う。

　自分が発する音と他者が発する音を感覚的に紡ぎ出すことで、「他者との調和」を生み出すワークです。

　実際に試してみると、自分が中心に音を出す場面もあれば、相手が中心に音を出す場面もあります。フラットに感じられる瞬間もあるでしょう。互いの関係性が刻々と変化する感覚を味わえるはずです。

　また、このプロセスで、ハッとするような新鮮なリズムや音が生まれることもあるでしょう。

　終了後に観察チームは、「各演奏者がどのような役割を果たしていたか」をフィードバックします。

　例えば、次のような感じです。

「Aさんは、最初に音を出しました。しかし、他のメンバーが音を出し始めると、その様子を見ながら道具を何回も変えました。それを見て、最初の一歩を踏み出しチームを引っ張るけど、いったんチームが動き出したら、各メンバーの力を引き出す役に回るタイプの人なのかな、と感じました」「Bさんは、同じ位置で、同じ道具で、一定のリズムを叩き続けていました。集団にとってのペースメーカーの役割を果たす人に見えました」などと、様々なフィードバックが返ってくるでしょう。

　これらを受け、演奏者は、自分が集団の中で無意識に行う癖に気づくことができます。

他者と感覚で調和する②
〜「群れになる」ワーク〜

磨く感覚 …… 身体感覚全般
実施する際の人数 …… 3名以上
　　（ファシリテーターがいると、なおよい）
所要時間 …… 30分程度

───────────── 手 順 ─────────────

① 「実行チーム（2名以上）」と「観察チーム（1名以上）」に分かれる。
　観察チームは、実行チーム全員の動きがはっきりと見える場所
　に座る。

② 実行チームは全員、「1人ひとりが充分に動き回れる広いス
　ペース」に入る。
　半径15メートル程度の円のスペースを確保できるとよい。

③ 言葉を一切使わずに、"群れになる"べくお互いが動く。
　「群れになる」とはどういうことか、その具体的イメージは各自
　で考える。事前に話し合わない。

④ 「今、私たちは群れになった」と感じたら手を挙げる。

⑤ 実行チーム全員の手が同時に挙がったら、"群れになる"た
　めの動きをストップし、集合する。

⑥ 振り返りを行う。
　実行チームは「やってみての感想」や「気づいたこと」、手を
　挙げた場合は「手を挙げた理由」を述べる。そのうえで「群れ
　とは何か？」について感じたことを1人ずつ簡潔に述べていく。
　観察チームは事実と主観を分けてフィードバックをする。

⑦ チームやメンバーを入れ替えて、同じことを行う。

　距離、動作、目線など、言語以外のコミュニケーションが与える影響を感じてもらいます。以下のようなことが実感できるはずです。

例：
・「群れ」という言葉の定義は人それぞれである。
・人間は固定観念に引っ張られるため、各自が「群れとはこんなものである」という思い込みで動くと、調和がとりにくくなる。
・「他者に働きかける」「他者から距離を置く」「全体を俯瞰する」「よく動く」「動かない」「他者をよく観察する」「ほとんど他者を観察しない」など、人によって動作の傾向がある。

　このワークは観察者のフィードバックがとても大切です。気づきを得たら、改めて、チャレンジしてみてもいいでしょう。
　固定観念や思い込みを捨てて、感覚的に関わり合うことで、偶発的な何かが生まれることを体感できたら素晴らしいです。

著者紹介

小日向素子（こひなた・もとこ）

株式会社 COAS Founder, Owner
東京都生まれ。国際基督教大学卒業。
NTT（日本電信電話株式会社）入社後、外資系企業に転じ、マーケティング、新規事業開発、海外進出等を担当。2006年、グローバル企業の日本支社マーケティング部責任者に、女性として世界初、かつ最年少で就任。
2009年独立。新たな学び・成長プログラムの開発を始動し、馬と出会う。
2016年株式会社 COAS 設立。欧米各国の馬から学ぶ研修を巡り、米国 EAGALA 認定ファシリテーター取得。同時に、組織開発、リーダーシップ、コーチングを学び、スイス IMD Strategies for Leadership 修了、キャリアコンサルタント試験合格、ICF 認定コーチングコースアドバンスト受講。
2017年、札幌に牧場を持ち、馬から学ぶリーダーシップ研修を導入。株式会社資生堂をはじめ様々な業種の企業研修として活用されるほか、エグゼクティブ、リーダー、起業家等、延べ2000名を超える受講者を輩出している。本書が初の著書。

ナチュラル・リーダーシップの教科書　〈検印省略〉

2024年 2 月 14 日 　第 1 　刷発行

著 者——小日向 素子（こひなた・もとこ）

発行者——田賀井 弘毅

発行所——株式会社あさ出版

〒171-0022　東京都豊島区南池袋 2-9-9 第一池袋ホワイトビル 6F
電　話　03 (3983) 3225（販売）
　　　　03 (3983) 3227（編集）
F A X　03 (3983) 3226
U R L　http://www.asa21.com/
E-mail　info@asa21.com
印刷・製本　広研印刷（株）

note　　　　http://note.com/asapublishing/
facebook　http://www.facebook.com/asapublishing
X　　　　　http://twitter.com/asapublishing

シンクロニシティ

～科学と非科学の間に～

ポール・ハルパーン 著

権田敦司 訳

四六判　定価2,640円　⑩

Physics Worlds Best of Physics in 2020（イギリスの権威ある物理化学雑誌『Physics Worlds』誌が毎年選ぶベストセラーBook）！　フォーブス絶賛！
科学の歴史を振り返る抜群に面白いと話題の書。アリストテレスの物理学から量子テレポーテーションまで、何千年もの間、科学者たちが頭を悩ませてきた『シンクロニシティ（意味のある偶然）』を、科学、哲学、物理などから究明した1冊。生物学者 福岡伸一氏による寄稿も！

FBI WAY

世界最強の仕事術

フランク・フィグルッツィ 著

広林 茂 訳

四六判　定価1,980円　⑩

ロバート・デ・ニーロ氏 ＆　ワシントン・ポスト紙記者絶賛！
FBIの首席監察官に任命された「Keeper of the Code 行動規範の番人」が、個人と組織の能力を引き出すためにFBIが現場で実践している方法を紹介！
歴代大統領も関わった、数々の歴史的事件の裏側も満載。

国際エグゼクティブコーチが教える
人、組織が劇的に変わる

ポジティブフィードバック

ヴィランティ牧野祝子 著

四六判 定価1,540円 ⑩

世界10カ国でキャリアを積んだリーダーが、部下一人ひとりの強みを引き出し、成長させる、相手をポジティブにするフィードバック（FB）の方法を指南。
世界のエリートが実践している相手の"やる気を爆増させるFBのノウハウ"の紹介から、シーンごとにどんなFBをすればよいか、言葉の選び方、タイミングなど実践の仕方までを述べた1冊。